FAUT-IL AVOIR PEUR DU NUMÉRIQUE ?

idees claires

FAUT-IL AVOIR PEUR DU NUMÉRIQUE ?

25 questions pour vous faire votre opinion

NICOLAS COLIN
LAETITIA VITAUD

ARMAND COLIN

Graphisme de couverture : N. Hubert / A. Bouchez

Armand Colin est une marque de
Dunod Éditeur, 11 rue Paul Bert, 92240 Malakoff

ISBN 978-2-200-61598-7

À Béatrice. À Ferdinand.

Sommaire

Introduction

Le numérique n'est pas qu'un secteur qui se développerait à la marge de notre économie. Il n'est pas non plus qu'une technologie en gestation, vouée à ne produire des effets que dans un futur lointain. Le numérique provoque au contraire une évolution radicale et globale, ici et maintenant. Il concerne toute la société, qu'il bouleverse dans toutes ses dimensions. Il affecte toute l'économie, tant il change la façon de produire et de consommer dans tous les secteurs. Il nous impose une *transition numérique*, processus long et itératif, qui durera encore plusieurs décennies et au terme duquel notre économie et notre société seront radicalement différentes de celles que nous avons connues au siècle dernier.

L'économie d'hier, c'est l'économie fordiste, qui s'est structurée et développée tout au long du XXe siècle. L'économie fordiste est née lorsqu'on s'est aperçu que le pétrole, longtemps utilisé pour éclairer la nuit, pouvait aussi servir à faire tourner des moteurs. La transition fordiste s'est amorcée dans les usines automobiles américaines, au début du XXe siècle, avec la mise au point de l'organisation scientifique du travail ; elle s'est poursuivie lorsque Henry Ford a découvert que la productivité de ses employés augmentait quand il leur offrait un contrat de travail, un bon salaire, une durée de travail limitée à 40 heures par semaine. Elle a été parachevée, après la Seconde Guerre mondiale, par la mise en place des institutions qui ont permis les Trente Glorieuses : la sécurité énergétique, la généralisation du salariat, le système bancaire mis au service des ménages, les syndicats et le dialogue social, la protection sociale pour couvrir les travailleurs contre les risques critiques de l'existence. Des difficultés sont apparues dans les années 1970, mais toute l'économie est restée essentiellement fordiste jusqu'à la fin du XXe siècle.

L'économie numérique, elle, est née en 1971, avec l'invention du microprocesseur. L'informatique personnelle s'est développée tout doucement jusqu'aux années 1990, quand Internet, le réseau des réseaux, a été ouvert à des applications civiles par les pouvoirs publics américains. La mise en réseau des ordinateurs personnels a provoqué une déflagration : des entrepreneurs se sont lancés pour créer de nouvelles applications et découvrir de nouveaux modèles d'affaires ; des financiers ont investi des milliards de dollars et déclenché une bulle spéculative qui a permis de financer d'immenses infrastructures et les milliers d'entreprises qui cherchaient à en tirer parti. Lorsque la bulle a éclaté, en 2000, tout cela est resté en place, prêt à servir pour les générations suivantes. Plusieurs pays, dont la France, se sont détournés du numérique, croyant à tort que cette « nouvelle économie » n'avait été qu'un feu de paille. La Silicon Valley, elle, a continué à investir et à faire grandir ces entreprises numériques dont la multiplication et la croissance nous font entrer dans une nouvelle phase : la transition numérique. Dans cette transition, nous quittons un paradigme, l'économie fordiste, pour rentrer dans un autre, l'économie numérique.

Les entreprises numériques sont à l'avant-garde de cette transition numérique. Au début, elles n'étaient que des petites start-up, créées dans des garages. Aujourd'hui, certaines d'entre elles sont devenues les plus grandes entreprises du monde, diversifiées dans plusieurs secteurs, opérant dans le monde entier, valorisées à hauteur de centaines de milliards de dollars. Les entreprises numériques sont différentes des entreprises fordistes à bien des égards : organisation, culture, rapport aux actionnaires et aux clients. Elles ont trois caractéristiques fondamentales : elles proposent à leurs clients une expérience exceptionnelle, d'une qualité supérieure à celle de leurs concurrents et qui, en plus, s'améliore de jour en jour ; elles collectent les données issues de l'activité de ces clients de façon régulière et systématique, pour mieux les connaître et rendre leur expérience encore plus exceptionnelle ; enfin, elles opèrent des modèles d'affaires à rendements croissants, grâce auxquels il leur coûte toujours moins cher de produire à mesure qu'elles grandissent – à l'inverse des entreprises de l'économie fordiste, dont la croissance ralentit à partir d'une certaine taille.

Cette propriété singulière explique à quel point les entreprises numériques sont déroutantes pour tous ceux qui ont grandi dans l'économie fordiste. En présence de rendements croissants, la grande taille n'est plus synonyme d'essoufflement, mais d'accélération. Dans l'économie fordiste, plus une entreprise courait, plus elle s'essoufflait, au point qu'elle finissait par s'arrêter pour se concentrer sur la consolidation de sa marge – abandonnant le reste du marché à ses concurrents. En présence de rendements croissants, c'est le phénomène inverse que l'on observe : plus une entreprise numérique court, plus elle court vite – et elle ne s'arrête que lorsqu'elle a conquis la totalité de son marché. C'est pourquoi l'on observe une tendance à l'extrême concentration dans l'économie numérique. Lorsque plusieurs entreprises se sont lancées sur la même ligne, l'une d'elles finit par se détacher ; elle creuse l'écart et finit par conquérir l'essentiel des parts de marché. C'est pourquoi Google domine à ce point la recherche en ligne, Amazon la vente de détail ou Uber le transport de personnes en ville.

Loin derrière les entreprises numériques, les pouvoirs publics, les entreprises traditionnelles et la société dans son ensemble ont encore du mal à appréhender ce phénomène nouveau. La transition numérique est difficile à comprendre, au point qu'elle effraie et provoque des conflits et des tensions. Dans leur obsession de la croissance, les entreprises numériques découvrent de nouveaux modèles d'affaires, y convertissent leurs clients et confrontent les entreprises traditionnelles à une concurrence d'un genre nouveau. Pendant ce temps, les pouvoirs publics peinent à imaginer les institutions qui conviendraient à ces nouvelles façons de produire et de consommer.

La plupart de nos institutions ont été conçues pour l'économie fordiste : le droit du travail, le système bancaire, le dialogue social, la protection sociale, la fiscalité, les réglementations sectorielles dans des secteurs comme les transports, l'hôtellerie, l'éducation ou la santé. Lorsque l'économie devient de moins en moins fordiste et de plus en plus numérique, ces institutions deviennent inopérantes et même contre-productives. Faute d'institutions adaptées, l'économie numérique a des effets négatifs sur l'économie et la société. Tout cela inspire les discours critiques, bien connus, de tous ceux qui dénoncent le numérique et portent sur lui un jugement moral. Parce que le numérique met en danger les institutions héritées du fordisme, il faudrait le forcer à ralentir sa course et à se conformer à l'idée – en réalité dépassée – que nous nous faisons de l'organisation et du fonctionnement de l'économie.

Nous refusons ce débat moral, qui obscurcit le raisonnement et entrave les efforts nécessaires pour tirer parti de la transition numérique. L'enjeu n'est pas de critiquer le numérique en tant que tel, mais de mieux le comprendre pour l'exploiter à notre avantage. Il nous faut imaginer les institutions qui le rendront soutenable et permettront de redistribuer la richesse qu'il crée depuis plus de 20 ans. En discutant 25 questions que nous inspire le numérique, de l'entrepreneuriat à la politique en passant par l'économie, les organisations et la société dans son ensemble, nous avons souhaité dissiper les malentendus, fournir les clés pour comprendre et en déduire des principes d'action – enracinés dans notre pratique personnelle du numérique et inspirés par la fréquentation de tous ceux qui utilisent le numérique, entreprennent dans le numérique, pensent le numérique. Bonne lecture !

Nicolas Colin
Laetitia Vitaud

Pas de numérique sans technologie ?

En 1969, Robert Noyce et Gordon Moore quittent l'entreprise Fairchild Semiconductor, qu'ils ont fondée plus de dix ans plus tôt, pour se lancer dans une nouvelle aventure entrepreneuriale. Lassés des contraintes que leur impose leur principal actionnaire et désireux d'explorer de nouvelles applications pour le grand public, ils décident de partir, emmènent avec eux leurs collaborateurs les plus brillants (dont le légendaire Andy Grove) et créent une nouvelle société, Intel.

Le parcours de Noyce et Moore est dominé par la technologie. Tous deux ont commencé leur carrière professionnelle auprès de William Shockley, l'inventeur du transistor. Après l'avoir quitté pour fonder Fairchild Semiconductor, Noyce a inventé le circuit intégré, un procédé d'assemblage qui va faciliter les premières applications industrielles du transistor. En 1971, ce sont des ingénieurs d'Intel qui mettent au point le premier microprocesseur, principale brique technologique d'un secteur émergent : l'informatique personnelle. Deux décennies plus tard, les ordinateurs personnels vont être connectés en réseau grâce à deux autres technologies, les protocoles TCP/IP et HTTP, et donner naissance à Internet.

Compte tenu de cet héritage, on pense que c'est la technologie qui détermine le succès ou l'échec des entreprises dans l'économie numérique. Il y a plusieurs raisons à ce malentendu. L'une d'elles est la passion française pour les technologies, inspirée par des siècles d'excellence dans la recherche et le développement expérimental (R&D). Une autre raison est l'exemple trompeur des géants américains de l'économie numérique : parce qu'ils ont déjà conquis leur marché d'amorçage et sont confrontés à des défis d'entreprises de grande taille, les Google, Amazon et Facebook se paient le luxe de se faire concurrence sur la technologie, au point de se qualifier eux-mêmes de *tech companies*.

Mais la technologie doit être remise à sa place. Son importance diffère suivant notre position dans le cycle des révolutions technologiques. Pendant les Trente Glorieuses, la R&D nous a permis d'accélérer notre développement économique : il s'agissait de faire grandir nos champions nationaux, à l'abri de nos frontières et avec le soutien de la puissance publique, pour rattraper et concurrencer les entreprises américaines. À partir de 1973, le renchérissement du pétrole a déréglé le régime de production et de consommation : la croissance a ralenti et des institutions comme le droit du travail et la protection sociale ont été mises en difficulté. Durant cette période, la R&D a eu deux autres finalités. Il fallait intensifier les efforts d'optimisation, pour que les entreprises puissent préserver leurs marges dans un contexte plus difficile. Il fallait aussi provoquer une nouvelle révolution technologique et hâter la sortie d'un paradigme en voie d'essoufflement : cette ambition a inspiré les efforts de R&D dans la filière énergétique, en particulier dans l'énergie nucléaire.

La condition du succès, pour une entreprise qui se lance aujourd'hui dans l'économie numérique, n'est plus de faire de la R&D. Les meilleurs entrepreneurs réussissent parce qu'ils cherchent à résoudre un problème ; pour le résoudre, ils gagnent la confiance de leurs premiers utilisateurs ; enfin, ils découvrent leur modèle d'affaires, c'est-à-dire la manière dont leur entreprise va créer et redistribuer de la richesse. Bien souvent, ce n'est pas un actif technologique qui va permettre de franchir ces étapes, mais un prix plus bas, le design réussi d'une interface, l'attractivité du modèle d'affaires ou encore une qualité de service exceptionnelle. Toutes ces prouesses entrepreneuriales supposent de l'innovation. Mais cette innovation n'a rien à voir avec celle qui prédominait dans l'économie fordiste, *a fortiori* dans la phase de rattrapage qu'a été la période des Trente Glorieuses. Dans l'économie numérique, le développement des entreprises est tiré par leurs utilisateurs plutôt que poussé par les découvertes de leurs chercheurs. L'innovation, de plus en plus découplée de la R&D, devient un enjeu de design et de modèle d'affaires plus que de technologie.

La technologie est même si marginale aujourd'hui, en tout cas en phase d'amorçage, que les start-up qui réussissent exploitent des ressources technologiques développées par d'autres : les bibliothèques logicielles issues des communautés *open source*, au sein desquelles les programmeurs développent du « code source ouvert » et le mettent gratuitement à disposition de tous ; la technologie mise à disposition par les grandes plateformes de *cloud computing*, qui permet l'exploitation de la puissance de calcul ou de stockage de serveurs informatiques distants par l'intermédiaire d'Internet ; les nombreuses offres de *software-as-a-service,* services en ligne accessibles par abonnement. Les fonds de capital-risque financent l'économie numérique précisément parce que la technologie qui sous-tend cette économie est depuis longtemps parvenue à maturité. Les seuls risques pris par les entreprises et leurs investisseurs ne sont pas des risques technologiques, mais des risques d'accès au marché et de croissance rapide à grande échelle.

Alors que le numérique dévore le monde, il est donc temps d'en finir avec notre passion pour la technologie. Les start-up n'ont pas besoin de nouvelles technologies dans leur phase d'amorçage : leur priorité est de prendre position sur le marché et de séduire et fidéliser leurs utilisateurs. Tout effort de R&D est un détour par rapport à cette étape initiale indispensable.

La technologie ne redevient un sujet pour les entreprises que lorsque celles-ci, devenues grandes, commencent à rencontrer des difficultés d'exploitation. Il leur faut alors tenir la charge, optimiser, renouveler et se diversifier – et, pour tout cela, faire de la R&D. Les grandes entreprises numériques sont d'ailleurs à l'origine de nombreuses technologies de rupture, comme les systèmes de gestion de bases de données non relationnelles ou les voitures sans chauffeur. Mais cette R&D concerne les entreprises confrontées aux problèmes de la grande taille et au défi de la diversification, pas les start-up en amorçage. Toute politique industrielle centrée sur la technologie force nos entrepreneurs à faire des détours et empêche l'amorçage des futurs géants français de l'économie numérique.

Bien sûr, l'histoire récente de l'économie numérique a été cadencée par plusieurs ruptures technologiques, qui ont inspiré de nouvelles générations d'entrepreneurs et ont permis l'émergence de nouveaux modèles d'affaires. Le smartphone a permis de développer la connexion à Internet en mobilité. La technologie *blockchain*, sous-jacente à la cryptomonnaie Bitcoin, permet de pratiquer des transactions sécurisées sans passer par des tiers de confiance. L'intelligence artificielle fait des progrès fulgurants et permet désormais des interactions en langage naturel entre les humains et les machines. La réalité virtuelle se profile comme l'une des prochaines étapes de ce progrès technologique qui n'en finit pas d'accélérer. Mais le point commun à toutes ces technologies, c'est qu'elles ne sont pas le fait d'une seule entreprise.

2 Seulement l'immatériel ?

Tesla Motors est emblématique de l'économie numérique. Mais en quoi est-elle une entreprise numérique ? Contrairement à Google ou Apple, son métier n'est pas de valoriser des actifs immatériels, comme des pages Web ou des fichiers musicaux : elle conçoit, assemble et distribue des voitures électriques ! Du coup, Tesla Motors et Elon Musk, son charismatique dirigeant, inspirent de la défiance : c'est une chose, déclarent les sceptiques, d'avoir fait fortune dans le paiement en ligne avec Paypal ; c'en est une autre de fabriquer des voitures, d'accéder à des matières premières dans des proportions suffisantes, d'assurer la cadence d'une chaîne de production, d'encadrer des ouvriers. Nombreux sont ceux qui pensent que les entreprises numériques n'ont pas la légitimité nécessaire pour réussir dans l'économie matérielle et qu'une entreprise comme Tesla Motors est vouée à l'échec.

Or, la Silicon Valley n'a pas toujours été spécialisée dans l'économie immatérielle : elle a d'abord fait grandir une industrie manufacturière dans des secteurs technologiques de pointe. Territoire initialement spécialisé dans les radars et les circuits intégrés, la Silicon Valley est même profondément imprégnée d'une culture de production industrielle. La plus grande entreprise numérique, Apple, est elle-même une entreprise industrielle ; son patron actuel, Tim Cook, est son ancien directeur de la logistique.

Malgré tout, l'économie numérique contemporaine s'est d'abord développée dans des filières valorisant des actifs immatériels. Les premières grandes entreprises numériques ont grandi, dans les années 1990, en opérant des moteurs de recherche, des portails de contenu et des régies publicitaires – toutes activités d'information et de communication. La première moitié des années 2000 a été marquée par la domination de Google, entreprise dont le cœur de métier est immatériel. À cette époque, ni Uber, ni Airbnb, ni Tesla Motors n'existaient encore ; Apple n'avait pas encore lancé l'iPhone ; Amazon peinait encore à dépasser la précarité que lui imposaient ses marges faibles de commerçant.

Se diversifier dans des filières matérielles constitue aujourd'hui un défi pour des entreprises numériques, habituées à la croissance exponentielle caractéristique des activités immatérielles. Plus une activité embarque des actifs matériels, comme les entrepôts d'Amazon ou les voitures d'Uber par exemple, plus ses rendements sont décroissants (c'est-à-dire que la grande taille s'accompagne de coûts toujours plus élevés, et donc de rendements toujours plus faibles). Déployer des actifs matériels pour servir ses clients coûte cher et leur immobilisation ralentit la croissance, qui n'est plus exponentielle mais linéaire. Les tentatives précoces d'amorcer des entreprises numériques dans des activités matérielles s'étaient soldées par de cuisants échecs : Kozmo.com, pionnier de la livraison à domicile, est un exemple célèbre.

La diversification de l'économie numérique dans des activités matérielles est néanmoins engagée. La transition numérique concerne désormais toutes les filières de notre économie, des transports à l'énergie en passant par la santé, l'éducation, l'agriculture ou la finance. C'est le sens de la fameuse formule de Marc Andreessen : « *Le numérique dévore le monde* ». La crise de 2008 a accéléré la diversification de l'économie numérique dans des nouvelles filières, car les filières majoritairement immatérielles sont déjà dominées par de grandes entreprises numériques et les positions y sont difficiles à contester. Par ailleurs, la maîtrise du matériel commence à devenir une condition de la compétitivité des entreprises numériques – soit parce que l'intégration horizontale permet de bâtir des écosystèmes fermés (Amazon distribue des livres numériques sur ses propres terminaux Kindle) ; soit parce que l'intégration verticale permet d'optimiser l'expérience utilisateur (les produits Apple sont plus agréables à utiliser car Apple maîtrise à la fois le matériel et le logiciel).

Amazon fait figure de précurseur dans l'économie numérique matérielle. Elle a longtemps inspiré du mépris aux autres entreprises de l'économie numérique. Pourquoi, se disaient les premiers entrepreneurs de la bulle, s'embarrasser de tous ces employés et de coûteuses activités logistiques, dont les rendements sont décroissants, alors qu'on peut se cantonner au *pure playing* (c'est-à-dire uniquement l'immatériel) et ainsi maximiser la croissance des rendements et le retour sur capital investi ? Mais aujourd'hui, Amazon est devenue l'exemple à suivre pour tous les entrepreneurs qui se lancent dans des secteurs imposant l'immobilisation et la valorisation d'actifs matériels. Uber, Airbnb, Deliveroo sont autant d'exemples de l'économie numérique se diversifiant bien au-delà des activités immatérielles.

Aujourd'hui, les entreprises numériques dépassent de plus en plus les métiers de pure intermédiation pour s'intégrer verticalement. Elles se diversifient en amont : par exemple, Google Fiber est un projet de Google visant la construction d'une infrastructure de réseau Internet utilisant la fibre optique ; elles se diversifient surtout en aval, au plus près des clients finaux : par exemple, Apple et ses magasins, dont les performances sont exceptionnelles. Cette course vers les activités matérielles, facilitée par la banalisation du marketing et de la distribution *via* les smartphones et les applications de *social networking* comme Facebook, culmine dans les stratégies industrielles d'intégration verticale, dont Tesla Motors est justement l'exemple le plus emblématique – non sans des difficultés, prévisibles mais jusqu'ici toujours surmontées. Il faut dire que la production industrielle elle-même s'est banalisée : grâce à des opérateurs comme le Chinois Foxconn, elle est à la fois moins chère, plus flexible et plus conforme aux exigences de qualité des marchés grand public. À cela s'ajoute la simplification des produits matériels permise par le progrès technique. La voiture électrique est un bon exemple : sa conception, sa fabrication et sa maintenance sont plus simples et moins coûteuses que pour les voitures à essence. Et les technologies d'impression 3D vont encore accélérer ce mouvement.

Parce que l'économie numérique est de plus en plus matérielle, nous réalisons qu'elle ne concerne pas que quelques filières comme le livre ou la musique, mais qu'elle est appelée à transformer notre économie dans son ensemble : de là vient l'idée de transition numérique. Il est temps de prendre conscience du fait qu'on peut numériser des activités matérielles – pas en les dématérialisant, mais en changeant radicalement la façon de produire et de consommer. Les filières immatérielles, comme la publicité ou la musique, sont aujourd'hui une composante parmi d'autres de l'économie numérique globale. De nombreux entrepreneurs se lancent aujourd'hui dans des filières comme l'agriculture (Agricool), la santé (Flatiron), ou encore l'immobilier (WeWork) pour tenter d'y prendre des positions dominantes. Pour les aider à réussir, il faut que nos élites prennent conscience du fait que l'économie numérique ne concerne pas que les secteurs immatériels, mais toute l'économie.

3 L'innovation avant tout ?

« *Ce que j'espère*, a un jour déclaré Rick Dalzell, à l'époque directeur des systèmes d'information d'Amazon, *c'est que nous allons continuer à innover comme des fous.* » L'innovation est devenue un impératif catégorique pour tous les entrepreneurs qui se lancent dans l'économie numérique. L'histoire de cette économie est dominée par les figures de grands innovateurs : William Shockley, l'un des inventeurs du transistor en 1947 ; Robert Noyce, qui a mis au point les premiers circuits intégrés en 1959 puis fondé Intel avec Gordon Moore ; Steve Jobs, qui a créé avec Steve Wozniak les premiers ordinateurs personnels destinés au grand public puis imposé des innovations radicales sur des marchés aussi divers que le cinéma d'animation (avec Pixar) ou la musique enregistrée (avec l'iPod) ; Marc Andreessen, enfin, qui a participé au développement du premier navigateur Web graphique (Mosaic) puis fondé Netscape.

Inspirés par cet héritage, tous les entrepreneurs se lancent aujourd'hui avec l'idée que la première chose à faire pour eux est d'innover. L'innovation nous apparaît comme une nouvelle religion, avec ses différentes églises : la disruption (une nouvelle entreprise propose un produit plus simple et moins cher, comme Free sur le marché de la téléphonie mobile), le déploiement de plateformes (comme Airbnb, qui fait concurrence aux hôtels et à leurs places de marché traditionnelles), l'« *uberisation* » (lorsque des travailleurs indépendants moins qualifiés viennent concurrencer des professionnels, comme... Uber). Mais il y a de nombreux dangers dans cette quête de l'innovation à tout prix.

Le premier danger concerne la stratégie d'entreprise. À force de considérer que le numérique est forcément innovant, on finit par ne plus voir ce qui, dans la stratégie des entreprises numériques, relève plus de la répétition que de l'innovation : la recherche d'une relation de confiance avec les premiers utilisateurs, auxquels les entrepreneurs cherchent à offrir une expérience exceptionnelle ; la collecte régulière et systématique des données issues de l'activité de ces utilisateurs ; les rendements croissants des modèles d'affaires, qui permettent aux entreprises numériques de grandir toujours plus vite, jusqu'à s'installer en position de quasi-monopole sur leur marché et d'évincer les entreprises traditionnelles de leurs positions historiques.

En réalité, la transition numérique n'est pas une innovation perpétuelle, mais un processus générique, qui touche toutes les filières peu ou prou de la même façon. Les start-up qui se lancent à l'assaut d'une filière sont certes innovantes si on les compare aux entreprises en place – Spotify est innovante par rapport aux anciens disquaires, de même qu'Airbnb est innovante par rapport aux hôteliers traditionnels. Mais ces innovations, déconcertantes pour les entreprises en place dans un secteur donné, sont toutes relatives tant les entrepreneurs ne font qu'appliquer les recettes déjà utilisées par leurs prédécesseurs dans d'autres filières. Airbnb est à l'hospitalité ce qu'Amazon Marketplace a été aux biens de grande consommation ; Uber est au transport de personnes en ville ce que Google a été à l'information en ligne ; Instagram est à la photographie ce que YouTube a été à la vidéo ; et Tesla Motors est à l'automobile ce qu'Apple a été aux ordinateurs personnels.

L'innovation, chantée sur tous les tons, devient un prétexte pour renoncer à prédire la façon dont la transition numérique progresse. À force de chercher l'innovation partout, on finit par se priver des moyens d'anticiper les manœuvres prévisibles – qui n'ont rien d'innovant – des entreprises numériques. Surtout, pour les entreprises traditionnelles, voir l'innovation partout, c'est renoncer à préempter les positions dominantes de demain : « *Ce n'est pas notre faute si une entreprise numérique a pris la place, c'est parce qu'elle était plus innovante !* »

Le second danger concerne la politique industrielle. De nombreux dispositifs publics sont conçus pour soutenir les entreprises innovantes, non sans deux effets pervers. Bien souvent, parce que l'innovation est le seul critère pour attribuer une subvention, on ne soutient pas les bonnes entreprises : l'argent public va à celles qui font des détours par la recherche plutôt qu'à celles qui cherchent à mieux comprendre leurs futurs clients. Un autre effet pervers : quand les entreprises plus prometteuses recourent à ces dispositifs, elles se croient obligées d'en rajouter sur leurs efforts d'innovation et perdent un temps considérable à faire semblant d'innover quand, là encore, leur priorité devrait aller à approcher et séduire leurs premiers clients, puis à maximiser leur taux de croissance de semaine en semaine.

En réalité, l'économie numérique n'est pas si innovante que cela. Amazon est comme un grand distributeur qui aurait remplacé ses magasins par des applications numériques ; Uber est un central de réservation de voitures avec chauffeur qui sert ses clients *via* une application mobile plutôt que de les prendre au téléphone. Les différences radicales entre ces entreprises numériques et leurs concurrents traditionnels – en termes de performances, d'échelle d'opération, de culture ou de modèle d'affaires – ne sont que la conséquence de ce qui n'était au départ qu'une très légère variante. C'est ce qui incite Clayton Christensen, auteur du fameux concept de « disruption », à revendiquer qu'on n'utilise plus ce terme à tort et à travers : il existe différentes sortes d'innovation, pas toujours de rupture ; toutes ne sont pas radicales ; parfois, l'innovation ne consiste qu'à appliquer une méthode éprouvée à un secteur où la transition numérique n'a pas encore produit tous ses effets.

L'innovation, malgré tout, joue un rôle important dans l'économie numérique. Elle se distingue de la stratégie, qui consiste à embrasser les contraintes tandis que l'innovation consiste à les faire disparaître. Dans l'économie fordiste, la stratégie était la discipline la plus noble car la plupart des contraintes étaient irréductibles : les entreprises devaient produire de longues séries de biens matériels, les distribuer sur des marchés immenses, immobiliser des actifs d'une valeur considérable, optimiser leurs opérations en serrant les boulons tant et plus. Dans l'économie numérique, il devient possible de réconcilier les contraires : la grande échelle et la qualité, les bénéfices et la croissance, la résilience et l'innovation.

De fait, la pression concurrentielle s'intensifie. Les nouvelles start-up affluent en permanence. Les géants numériques se diversifient à l'infini dans des nouveaux secteurs. Les concurrents dépassés peuvent reprendre l'initiative à tout moment. Pour rester dans la course de l'économie numérique, même les entreprises déjà dominantes doivent apprendre à avoir un coup d'avance, à faire bouger les lignes, à briser les obstacles, à réduire les contraintes. C'est la fameuse hypothèse de la « Reine rouge », empruntée à la biologie de l'évolution, selon laquelle il faut courir pour ne pas reculer – comme la Reine rouge créée par Lewis Carroll dans *De l'autre côté du miroir*. L'économie numérique n'est pas une économie de l'innovation à tout prix. En revanche, elle est une économie où les cartes sont redistribuées en permanence et où la stratégie, de plus en plus, se confond avec l'innovation.

4 La victoire aux start-up ?

Les rendements d'échelle croissants, caractéristiques de l'économie numérique, permettent aux start-up qui réussissent de croître de façon exponentielle. Facebook sert aujourd'hui 1,5 milliard d'utilisateurs après moins de dix ans d'existence. Des start-up comme Uber ou Airbnb sont devenues des géants dans leurs secteurs en quelques années seulement. Les start-up conquièrent de nouveaux marchés, même quand il s'agit de produire ou de distribuer des biens. À mesure que « *le numérique dévore le monde* », selon la formule de Marc Andreessen, les start-up semblent nous prouver quotidiennement que la transition numérique signifie leur victoire.

La supériorité apparente des start-up s'explique par leur nature si particulière. « *Une start-up n'est pas une plus petite version d'une grande entreprise. Une start-up est une organisation temporaire à la recherche d'un modèle d'affaires répétable et scalable (à rendements croissants)* », selon la définition de Steve Blank, l'un des auteurs de référence dans la Silicon Valley. Une start-up a l'agilité et la souplesse pour pouvoir « pivoter » rapidement, c'est-à-dire changer son modèle ou sa raison d'être en fonction des réactions de ses premiers clients. Une start-up ne s'embarrasse pas d'un héritage ou d'un cœur de métier. Elle peut apprendre à faire mieux et différemment que les entreprises en place, pour servir ses clients à la plus grande échelle et au plus haut niveau de qualité possibles.

L'absence d'infrastructure préexistante permet aux start-up d'embrasser directement la dernière génération de logiciels et d'outils. En cela, elles se distinguent des entreprises en place qui, à l'image des banques, sont lestées d'un héritage informatique, sous la forme de lourdes infrastructures coûteuses à entretenir, avec des bases de données de générations différentes, mal connectées les unes aux autres. Les entreprises traditionnelles sont souvent culturellement éloignées des notions de design et d'excellence de l'expérience utilisateur. La bureaucratie gangrène chacune de leurs fonctions et rend toute forme d'agilité impossible.

Alors que l'économie fordiste avait imposé la consommation de masse de produits standardisés, l'économie numérique marque le retour du sur-mesure. Les algorithmes ont habitué les utilisateurs à une personnalisation du service et des recommandations. Là encore, les start-up sont mieux armées pour satisfaire les exigences des consommateurs de cette nouvelle ère. De leur côté, les grandes entreprises de l'économie fordiste n'ont parfois pas pris la mesure des changements, ou encore elles sont incapables d'y répondre de manière adéquate. Comme toute bureaucratie, une grande entreprise résiste au changement et cherche à protéger le *statu quo*.

La transition numérique affecte moins les entreprises que les filières, c'est-à-dire des entreprises de secteurs différents, mais qui travaillent ensemble pour servir les mêmes clients (par exemple, les éditeurs et les libraires, ou les hôteliers et les agences de voyages). L'activité d'une entreprise n'est pas fondamentalement affectée par la transition numérique de sa filière. En général, elle continue de faire plus ou moins la même chose après la transition numérique : éditer des livres, fabriquer des voitures ou faire rouler des trains. En revanche, les relations entre les différents maillons de la filière sont modifiées. Surtout, la répartition de la valeur entre ces différents maillons est transformée puisque les entreprises en place doivent céder une quote-part significative de leur marge aux start-up ayant fait irruption dans leur filière, qui deviennent vite de grandes entreprises numériques – par exemple, les hôtels doivent aujourd'hui céder une partie de leur marge à l'ancienne start-up qu'est Booking. La chaîne de valeur est déformée au profit des start-up qui captent une part toujours plus grande de la valeur.

Pour autant, rien ne dit que les entreprises traditionnelles sont incapables de changer, ni que la transition numérique est forcément synonyme de défaite pour elles. Pour que cela change, il leur faut prendre pleinement conscience de la nature de ce changement. Il ne s'agit pas seulement de transformer leur organisation ou la gestion de leurs ressources humaines, mais de redéployer leurs ressources pour prendre une nouvelle position dans la filière, souvent loin de leur cœur de métier.

Face à la transition numérique de leur filière, les entreprises ne sont pas condamnées à se replier toujours plus loin des consommateurs. Rien ne dit que les start-up ont le monopole de la création d'une expérience exceptionnelle pour les clients finaux. Si c'était une fatalité, alors seulement la Silicon Valley et Israël, dont les entreprises ont déjà pris des positions dominantes, auraient encore un avenir économique ! Certaines entreprises ont su devenir des entreprises numériques alors qu'elles ne l'étaient pas à l'origine. N'oublions pas qu'Apple est une entreprise de 40 ans qui a su se réinventer et devenir un géant numérique (et dont l'activité essentielle reste tout de même la fabrication d'appareils dans des usines). La transformation des entreprises traditionnelles face à la transition numérique est une discipline nouvelle que nous inventons en marchant.

Enfin, les gouvernements et institutions publiques peuvent également sortir victorieux de la transition numérique, à condition d'ouvrir leurs données aux talents extérieurs, pour améliorer le service aux usagers. Comme l'explique Henri Verdier, directeur interministériel du numérique et du système d'information de l'État, « *l'ouverture des données publiques (*open data*) consiste, pour le gouvernement, à partager les données produites ou détenues par les administrations ou les établissements publics à l'occasion de leur mission de service public, gratuitement, dans des formats ouverts, et en autorisant toutes les réutilisations. Cet engagement est une liberté fondamentale qui n'est limitée que par le secret des délibérations du gouvernement, la protection de la vie privée, la sécurité nationale et quelques autres secrets légaux.* »

L'Estonie est le premier pays à s'être imposé comme une référence en la matière. Le pays a su connecter la société civile et permettre le développement de services publics numériques de qualité. Le système estonien fonctionne dans la plus parfaite transparence. Chaque citoyen peut voir qui a consulté ses données. L'*open data* peut donc offrir à des institutions mal armées pour développer des services au design exceptionnel la possibilité de se reposer sur une multitude d'acteurs extérieurs pour le faire à leur place. Si les start-up n'ont qu'un seul avantage compétitif, c'est bien celui-là : elles inspirent confiance à leurs utilisateurs, à tous les stades de leur développement. Alors pourquoi ne pas sceller une alliance entre administration et start-up ? Dans l'économie numérique, la notion de confiance est centrale. C'est plutôt bienvenu entre citoyens !

5 Une bulle spéculative ?

En février 2016, le groupe Fidelity, géant américain des fonds mutuels d'investissement, a décidé de revoir à la baisse la valorisation de plusieurs entreprises numériques de son portefeuille, dont Dropbox (une société qui offre un service très populaire de stockage et de partage de fichiers), Cloudera (une société de logiciels permettant l'exploitation de données massives) et Zenefits (une société de logiciels spécialisée dans la gestion des ressources humaines). Cette annonce a fait l'effet d'un coup de tonnerre, inspirant des réactions triomphantes aux sceptiques du numérique, qui se sont empressés de crier à la bulle. Il y a trop de « licornes » (start-up valorisées plus d'un milliard de dollars), disent certains. Les premiers signes d'une surchauffe sont apparus. Des valorisations ont été revues à la baisse. Certains géants, comme Twitter, sont en crise. Nombreux étaient ceux qui s'attendaient, non sans un malsain plaisir, à ce que cette fameuse « nouvelle bulle » éclate tôt ou tard. L'économie numérique traverse-t-elle une nouvelle phase de bulle spéculative ?

Il faut d'abord réaliser que, dans l'économie numérique, il s'agit bien plus d'une course à la conquête des marchés que d'une bulle spéculative. Les valorisations des entreprises numériques sont parfois élevées, mais pas nécessairement sans rapport avec leur valeur réelle. Un géant comme Uber, par exemple, présente des caractéristiques qui justifient sa valorisation. Ses revenus sont déjà bien supérieurs à ceux du secteur des taxis, qui sert un marché mondial estimé à 100 milliards de dollars. En réalité, Uber opère sur un marché bien plus large : parce qu'elle est une alternative à l'usage de la voiture particulière, l'entreprise américaine se développe sur le marché de l'industrie automobile dans son ensemble, dont la taille est estimée à 6 000 milliards de dollars.

Par ailleurs, les entreprises numériques bénéficient de modèles d'affaires à rendements croissants, caractérisés par leurs puissants effets de réseau. Lorsqu'il y a effet de réseau, plus les utilisateurs sont nombreux, mieux l'entreprise est en mesure de les satisfaire, si bien que l'entreprise dominante tend à conquérir le marché dans son ensemble – une situation que les économistes qualifient de « monopole naturel ». Des entreprises comme Uber ou BlaBlaCar sont des exemples typiques de cette économie des rendements croissants : reposant sur des marchés bifaces (conducteurs et passagers), elles font jouer des effets de réseau démultipliés. Pour ces entreprises, la conquête d'un large marché international est plus importante que les bénéfices immédiats. Comme l'a expliqué le PDG de BlaBlaCar, Frédéric Mazzella, « *Par définition, une start-up n'est pas rentable, sinon elle n'irait pas lever des fonds auprès de capitaux-risqueurs ! […] Mais si nous visons la rentabilité avant l'expansion internationale, à la vitesse où vont les choses […], nous risquons de nous faire ravir toutes les places de marché : nous avons donc inversé l'étape de la rentabilité avec celle de l'expansion qui est très coûteuse* » (entretien accordé à *La Tribune* le 16 octobre 2014).

Il y a peu de vainqueurs dans cette économie. Les capitaux se concentrent sur les entreprises qui sortent du lot et semblent pouvoir devenir des géants. Seuls les investisseurs qui ont misé sur les rares gagnants réaliseront un retour sur leur investissement. Tous les autres perdront leur mise tôt ou tard. L'enjeu est donc de déployer suffisamment de capital pour avoir une chance d'être actionnaire du futur *leader* du marché.

Les valorisations des entreprises numériques sont d'autant plus élevées qu'elles retardent de plus en plus l'échéance de leur introduction en Bourse. La cotation des entreprises numériques n'est en effet pas forcément compatible avec leur impératif d'innovation radicale : les investisseurs sur les marchés d'actions exigent en effet une rentabilité de court terme, souvent peu compatible avec la prise de risque.

Enfin, la course à l'investissement dans les entreprises du numérique est renforcée par l'excès d'épargne à l'échelle mondiale. Dans un contexte de taux d'intérêt bas voire négatifs, les capitaux surabondants ne trouvent plus assez de rendements dans les classes d'actifs traditionnels, comme les obligations d'État ou les matières premières. Ils se disputent donc les plus beaux actifs dans l'économie numérique.

Avec la multiplication de ces bulles dans une économie de plus en plus numérique, une plus grande incertitude caractérise désormais l'ensemble de notre économie. Le phénomène n'est pas près de s'arrêter, à une époque où l'innovation radicale est devenue un impératif de survie économique. William Janeway, qui enseigne l'économie et la finance à Cambridge après avoir travaillé pendant des années dans le capital-risque, explique qu'il existe deux types de bulles : les bulles « non productives », comme la bulle immobilière du milieu des années 2000, et les bulles « productives », comme la bulle technologique de la fin des années 1990. Dans un monde d'incertitudes, les bulles productives sont le meilleur moyen pour nos sociétés capitalistes de mobiliser suffisamment de ressources pour faire émerger les technologies et usages d'avenir. Le gaspillage qui accompagne ces bulles est donc un mal nécessaire.

Les bulles technologiques, en réalité, sont même la marque d'un écosystème porteur de croissance. Quand bulle il y a, ça n'est pas toujours un mal. Au contraire, cela signifie que les positions dominantes ne sont pas acquises et que de nouveaux entrants peuvent lever suffisamment de capital pour aller défier les acteurs en place sur un marché. Dans bien des cas, les bulles financières sont donc saines parce qu'elles encouragent la concurrence et permettent à de nouveaux entrants de faire mieux que les entreprises en place : toujours mieux pour toujours moins cher. C'est ainsi que les bulles nourrissent l'innovation. Parce que les investisseurs renoncent temporairement à leurs exigences de retour sur investissement à court terme, des investissements exceptionnels hors du commun peuvent transformer l'économie en profondeur. Google et Amazon sont deux exemples d'entreprises qui n'auraient jamais vu le jour sans la bulle spéculative des années 1990.

Mais ce qui se passe après une bulle compte davantage encore que ce qui se produit pendant. Après l'éclatement de la bulle de 2000, alors que l'Europe s'est désintéressée de l'économie numérique, les États-Unis ont continué à investir dans les entreprises numériques, ce qui explique en partie la domination actuelle de la Silicon Valley dans l'économie numérique globale. Aujourd'hui, les discours critiques sur les bulles sont toxiques car, en incitant les investisseurs à une prudence excessive, ils compliquent le financement des meilleures entreprises numériques européennes. Il est temps d'apprendre à vivre avec les bulles numériques, qui financent l'innovation radicale au mépris de considérations de court terme. Il nous faut réaliser que, dans une économie gouvernée par les rendements croissants, elles sont au minimum un mal nécessaire et parfois même un bienfait pour la société.

6 Une économie sans frontières ?

L'économie numérique est essentiellement américaine. En 2012, les États-Unis représentaient 41 % de l'excédent brut d'exploitation et 83 % de la capitalisation boursière mondiale de l'économie numérique. La Chine suit et fait montre d'une croissance spectaculaire, accélérée par la cotation en Bourse de la société Alibaba. L'Europe, à l'inverse, est marginalisée. La France, en particulier, échoue jusqu'ici à capter une part significative de la valeur ajoutée issue de l'économie numérique globale. Nous ne sommes, dans l'économie numérique, qu'une « colonie numérique » : une réserve de ressources et un marché de débouchés. Tout cela entretient l'impression que l'économie numérique est forcément globale – qu'il n'y a de place, sur chaque marché, que pour une seule entreprise dominante. Il y a à cela plusieurs raisons.

La mondialisation de l'économie, dans les années 1980 et 1990, est la première raison. Elle a marqué la conversion progressive des entreprises multinationales à la notion de chaîne de valeur globale : les opérations, de l'extraction des matières premières à la vente au client final, sont pilotées de façon intégrée à l'échelle du monde entier. Des fonctions transversales comme les finances, la recherche et développement, la gestion des brevets et des marques, les ventes ou les achats ont déserté les filiales implantées dans les différents pays, désormais cantonnées à des fonctions de marketing et de relations institutionnelles. La globalisation des chaînes de valeur a permis une allocation plus dynamique des ressources, en fonction de l'attractivité relative des territoires. Il en a résulté une première vague de concentration de la valeur ajoutée sur certains territoires ayant un avantage comparatif de nature géographique, humaine, juridique ou fiscale. Dans l'économie numérique, cette bataille de l'attractivité est largement perdue par la France. À part quelques fonctions comme la recherche et développement, elle n'a pas pu empêcher le redéploiement massif de la valeur ajoutée vers d'autres pays.

La transition numérique amplifie encore la concentration de la valeur en quelques points du globe, pour deux raisons. D'une part, elle accélère la globalisation des chaînes de valeur. La puissance des technologies numériques permet d'intégrer de nombreuses fonctions de l'entreprise à l'échelle globale et de démultiplier l'échelle de leur opération. Avant même de provoquer l'émergence de nouveaux modèles d'affaires, le développement des technologies numériques est donc déjà une manière d'optimiser les modèles des grandes entreprises traditionnelles. D'autre part, les rendements croissants propres à l'économie numérique font que la plupart des marchés numériques sont dominés à l'échelle globale par une ou deux entreprises seulement : l'économie numérique donne naissance à de nouveaux oligopoles (domination d'un marché par deux ou trois entreprises), voire à de nouveaux monopoles (domination d'un marché par une seule entreprise). Pour les grandes entreprises, les places à prendre sont donc beaucoup moins nombreuses que dans l'économie fordiste. La conjonction de ces deux phénomènes – globalisation des chaînes de valeur et domination de quelques entreprises – intensifie la concentration géographique de la valeur.

Dominant l'économie numérique, les géants numériques américains captent de la valeur dans le monde entier pour la concentrer en quelques points du globe : les États-Unis, où se trouvent leurs sièges ; l'Irlande, où sont souvent centralisées les activités de développement commercial sur les marchés étrangers ; les paradis fiscaux, pour éviter le paiement de l'impôt sur les sociétés aux États-Unis. La transition numérique a ainsi pour conséquence une concentration spectaculaire de la valeur ajoutée au profit des quelques écosystèmes (surtout celui de la Silicon Valley) ayant su faire grandir des géants de l'économie numérique – souvent des métropoles plutôt que des pays tout entiers.

L'idée d'une économie numérique sans frontières est pourtant trompeuse, car elle méconnaît le fait que l'économie numérique se développe aujourd'hui dans des secteurs de plus en plus matériels et sur des marchés de plus en plus réglementés.

Opérer des activités matérielles a deux effets de segmentation géographique des marchés. D'une part, il faut immobiliser des actifs sur les territoires où se trouvent les clients finaux ; d'autre part, la valorisation d'actifs matériels diminue la croissance des rendements des entreprises numériques et les empêche de se développer à la même échelle que si elles opéraient des activités purement immatérielles. Il est plus facile pour Google que pour Amazon de devenir une entreprise globale !

Opérer sur des marchés réglementés est encore plus compliqué. Dans bien des secteurs, les réglementations diffèrent d'un pays à l'autre, parfois même d'une ville à l'autre. Le fait qu'Uber soit confrontée, dans bien des pays, à des concurrents locaux redoutables s'explique par la difficulté à opérer une activité sur un marché mondial en réalité segmenté par la diversité des réglementations locales. Or, dans l'économie numérique de demain, Uber est la norme plus que l'exception. À mesure que le numérique dévore le monde, les positions dominantes à l'échelle globale, comme celles de Google ou Facebook, vont devenir de plus en plus rares.

L'idée d'un numérique forcément global est enfin dangereuse par les conclusions que l'on en tire. Si l'on considère que l'économie numérique est globale, alors on est vite tenté de juguler la croissance des géants américains plutôt que de faire grandir nos propres entreprises numériques. Surtout, on renonce trop vite à considérer qu'une ville, une région ou même un pays sont un échelon pertinent d'action. Dans une économie globale, la tentation est de se tourner vers l'Union européenne, pour lui demander de prendre en main la politique industrielle à la plus grande échelle possible. Or la réalité est que l'économie numérique est de plus en plus locale. Les marchés de débouchés sont de plus en plus locaux pour plusieurs raisons : les start-up annoncent leurs opérations en servant d'abord des clients qui sont à proximité, ensuite, quand elles grandissent, elles doivent s'adapter localement à des réglementations et des pratiques différentes d'un territoire à l'autre. Les écosystèmes dans lesquels grandissent les entreprises numériques sont eux-mêmes locaux : l'économie numérique, après tout, n'est pas tant dominée par les États-Unis qu'elle est dominée par la Silicon Valley. Les autres territoires ont donc leur carte à jouer dans l'économie numérique globale. C'est à leurs acteurs, élus locaux, chefs d'entreprise, représentants de la société civile, que revient l'initiative.

7 Tout pour la Silicon Valley ?

Le désir d'émuler les succès de la Silicon Valley explique que l'on nomme tous les lieux qui concentrent des start-up « Silicon quelque chose ». La Tech City londonienne s'est d'abord appelée « Silicon Roundabout » ; le NUMA, incubateur de start-up situé dans le quartier du Sentier à Paris, s'est d'abord appelé « Silicon Sentier » ; la ville de Berlin, qui attire de plus en plus d'entrepreneurs, est présentée comme la « Silicon Valley sur la Spree » (le fleuve qui traverse Berlin). Pourtant, aucun autre territoire que la Silicon Valley n'a réussi à concentrer une part significative de la richesse créée par l'économie numérique. La Silicon Valley est unique en son genre et semble être la seule à s'enrichir à mesure que l'économie devient plus numérique.

L'économie numérique s'accompagne de puissants effets d'agglomération à l'échelle globale : de nombreux pays et régions s'appauvrissent tandis que la Silicon Valley s'enrichit. Il y a trois principales raisons à cela.

La première est que les entreprises numériques concentrent leurs activités sur les mêmes territoires urbains. Il n'y a pas meilleur voisinage, pour une entreprise numérique, que d'autres entreprises numériques. Les pays ayant raté le coche de la transition numérique verront donc peu à peu la richesse s'échapper de leur territoire. Cela se mesure déjà au rétrécissement des recettes fiscales réalisées dans les pays de l'Union européenne.

La deuxième raison, c'est que les modèles des entreprises numériques favorisent la concentration. Dans chaque secteur, le phénomène des rendements croissants (quand la grande taille permet de produire toujours mieux et de gagner toujours plus) permet à un très petit nombre d'entreprises de dominer le marché et d'éliminer la plupart de leurs concurrents. La valeur créée par toute une filière, y compris à l'échelle globale, sera de plus en plus concentrée et réalisée là où ces entreprises dominantes auront leurs centres de décision.

Enfin, la troisième raison tient au financement des entreprises numériques. Les entreprises numériques sont de moins en moins cotées en Bourse, mais plutôt financées par des fonds d'investissement dont le rendement n'enrichit que quelques investisseurs privilégiés – pas les petits épargnants, attachés à la sécurité de leurs placements, mais plutôt les riches investisseurs pouvant prendre les risques considérables propres à l'économie numérique.

Le capital-risque, d'une manière générale, joue un rôle critique dans l'accélération des effets d'agglomération. La concentration des fonds de capital-risque dans la Silicon Valley constitue une externalité positive pour l'ensemble de l'écosystème (les externalités positives se produisent lorsque l'activité d'un agent économique procure un avantage à autrui sans contrepartie monétaire). Les entrepreneurs se lancent dans la Silicon Valley pour être à proximité des investisseurs, puis ils n'en partent plus. Au-delà d'un certain stade de son développement, l'entreprise numérique s'enracine dans le territoire qui l'a vu naître. Elle y développe des attaches qui font alors partie de son identité même.

La concentration des richesses dans la Silicon Valley constitue pour cette région un cercle vertueux : plus elle est riche, plus elle s'enrichit. À l'inverse, les autres territoires sont emportés dans une spirale du déclin : plus ils tardent à s'emparer des opportunités issues de la transition numérique, plus ils s'appauvrissent.

Ces effets d'agglomération ne sont pas entièrement nouveaux. Les modèles des entreprises numériques rappellent à bien des égards celui des franchises, qui concentrent les richesses en quelques points du territoire. L'empire McDonald's, par exemple, ressemble aux nouveaux empires numériques, puisqu'il opère à l'échelle globale mais concentre énormément de valeur au siège de McDonald's, à Oak Brook, dans l'Illinois. Il y a aussi des précédents historiques : au XIIIe siècle, quelques puissances thalassocratiques, comme Venise et Gênes, se disputaient la domination des mers et des routes commerciales vers l'Asie ; au XIXe siècle, la Grande-Bretagne a concentré l'essentiel de la production mondiale dans les décennies qui ont suivi la révolution industrielle. Mais, dans chacun de ces cycles, la puissance économique s'est ensuite disséminée de manière plus équilibrée entre différents pays et zones géographiques. L'économie numérique restera-t-elle concentrée ou bien finira-t-elle, elle aussi, par disséminer la richesse qu'elle contribue à créer ?

D'autres territoires, heureusement, ont réussi eux aussi à faire naître un écosystème entrepreneurial. Pour relever ce défi, ils ne se sont pas contentés de rassembler les talents dans un même lieu. La multiplication des incubateurs, souvent financés avec de l'argent public, ne favorise pas l'émergence des géants de demain. Les territoires qui ont réussi à émerger dans l'économie numérique ont surtout fait en sorte de réunir les trois ingrédients qui permettent d'amorcer un écosystème entrepreneurial : le savoir-faire, l'insoumission et le capital.

Israël est un cas d'école, connu et documenté. À l'origine, la lacune israélienne était le capital. Les entrepreneurs israéliens étaient talentueux, mais ils ne parvenaient à financer ni leur amorçage ni leur croissance. Grâce au programme Yozma, lancé au début des années 1990, les pouvoirs publics israéliens ont attiré des fonds de capital-risque américains pour financer les start-up israéliennes. Aiguillonné par les investisseurs américains, le capital-risque local s'est développé en marge d'un secteur financier israélien anémique et rigide. D'où une situation singulière : le capital, dans l'économie israélienne, a été investi dans des start-up plus que dans l'économie traditionnelle. Yozma a ainsi amorcé un cercle vertueux. Grâce à l'abondance de capital, l'économie entrepreneuriale israélienne a pu capter les ingénieurs de talent et les détourner de l'économie des services et de la sous-traitance. Peu à peu, Israël est devenue une « *Start-up Nation* » (titre d'un livre qui retrace les origines de l'écosystème entrepreneurial israélien), que l'on cite désormais en exemple.

Le cas israélien prouve que la captation de toute la richesse par la Silicon Valley n'est pas une fatalité. Encore faut-il permettre à l'insoumission, au savoir-faire et au capital d'être réunis sur un même territoire. Ensuite, l'enjeu est de soutenir les entrepreneurs locaux, de créer pour eux un environnement adapté, de mettre en place des institutions leur ménageant la sécurité nécessaire pour prendre plus de risques et lancer les entreprises qui créeront la valeur de demain.

8 Les États marginalisés ?

Les rapports de l'économie numérique avec les pouvoirs publics en général, les États en particulier, sont marqués par un paradoxe.

D'un côté, l'État fédéral américain a joué un rôle critique à au moins deux reprises dans l'histoire de l'économie numérique : une première fois lorsqu'il a subventionné par la commande publique la filière des semi-conducteurs, qui allait plus tard donner naissance à celle de l'informatique personnelle ; une seconde fois lorsqu'il a déployé ARPANET, l'embryon d'infrastructure qui, au début des années 1990, allait finalement être ouvert à des applications civiles pour devenir Internet.

D'un autre côté, l'économie numérique dépasse aujourd'hui les compétences des pouvoirs publics et semble marginaliser les États. En matière de fiscalité, de traitement de données personnelles, de liberté d'expression ou de droit du travail, les entreprises numériques semblent devenues plus puissantes que les États et exercent une influence infiniment supérieure sur les sociétés humaines, le droit, les institutions économiques et sociales et les différentes dimensions de notre vie quotidienne.

L'impression de marginalisation des États est amplifiée par l'idéologie. Après environ 50 ans de néolibéralisme triomphant, l'idée selon laquelle les États sont impuissants voire toxiques s'est durablement installée. Elle forme le socle idéologique de la droite, mais elle a aussi triomphé à gauche, dont les dirigeants ne prétendent plus réhabiliter l'État mais simplement le réformer pour qu'il puisse mieux occuper la place résiduelle qui est la sienne. Dans la Silicon Valley, berceau de l'économie numérique, l'idéologie libertarienne des entrepreneurs et des investisseurs est encore plus radicale. Parce qu'ils ont fait fortune dans une économie numérique dont les liens avec les pouvoirs publics sont devenus ténus, certains de ces entrepreneurs professent un rejet de l'État. Ils promeuvent la vision d'une société d'individus affirmés, autogérée grâce à la puissance de la technologie et affranchie des pouvoirs publics.

Il y a des raisons objectives à la marginalisation des États dans l'économie numérique. À la différence de l'économie fordiste, dont l'échelle d'opérations a longtemps été confinée à l'intérieur des frontières des différents pays, l'économie numérique a certaines propriétés particulières qui la placent d'emblée hors de la portée des pouvoirs publics.

Le rôle central qu'ont joué les pouvoirs publics américains à l'aube de l'économie numérique n'est plus d'actualité aujourd'hui. Les premiers donneurs d'ordre publics de la filière des semi-conducteurs avaient pour objectif principal de gagner la guerre et d'assurer la supériorité technologique et stratégique des États-Unis sur l'Union soviétique, à n'importe quel prix (ou presque).

Par ailleurs, le rattrapage n'est plus possible dans l'économie des rendements croissants. Une entreprise numérique dominante, portée par ses rendements croissants, finit tôt ou tard par s'installer dans une position de monopole naturel. Loin des oligopoles caractéristiques de l'économie fordiste, l'économie numérique ne ménage pas de place, sur un marché, à plusieurs concurrents opérant à la même échelle. Il est donc impossible, pour les pouvoirs publics, de faire grandir un champion national pour concurrencer une entreprise numérique déjà dominante sur un marché donné. En d'autres termes, une fois que Google domine le marché global de la recherche en ligne, il n'est plus possible de lui opposer frontalement un concurrent européen.

La croissance des entreprises numériques est tirée par la multitude, l'ensemble des individus connectés en réseau. Toutes les entreprises numériques dominant leur marché à l'échelle globale se sont imposées parce qu'elles ont fait alliance avec leurs utilisateurs. En contrepartie d'une expérience d'une qualité exceptionnelle, les individus se sont mis au service de l'entreprise en prenant une part active à la création de valeur, y compris en matière de conception, de vente, d'investissement et d'innovation. Or, la ressource stratégique que constitue la multitude des individus ne peut pas faire l'objet d'une appropriation collective comme cela avait été le cas pour le pétrole au XXe siècle. Seul le marché chinois, dans une certaine mesure, a fait l'objet d'une politique industrielle protectionniste centrée sur la multitude, du fait de sa grande taille (des centaines de millions d'individus connectés) et de sa fermeture à la plupart des entreprises numériques étrangères, en particulier les géants de l'économie numérique américaine.

Quoi qu'il en soit, l'échelle d'opération des entreprises numériques dépasse de loin le ressort territorial des pouvoirs publics. Les politiques publiques peuvent théoriquement avoir un impact sur la stratégie des entreprises. Mais elles sont vite dépassées dans des batailles industrielles où les entreprises se projettent vite à l'échelle globale. L'échelle des opérations et les montants en jeu deviennent incompatibles avec les capacités d'intervention des États, circonscrites par les frontières.

La coexistence de deux puissances numériques, les États-Unis et la Chine, montre heureusement qu'il n'y a pas une seule manière de faire grandir des géants dominant l'économie numérique. Les États-Unis ont nourri un écosystème ayant inspiré à plusieurs générations d'entrepreneurs une culture radicale de la croissance et de l'innovation, dans une démarche donnant la priorité au libre jeu du marché. La Chine, elle, a procédé de façon plus stratégique, à l'abri de barrières technologiques, douanières et monétaires, érigées pour faire grandir des champions nationaux. Il existe donc plusieurs chemins pour devenir une grande puissance dans l'économie numérique globale.

Les États ont en réalité un rôle crucial à jouer dans cette démarche. Ils l'ont déjà fait, au siècle dernier, pour accompagner la croissance de l'économie fordiste, en mettant en place de nouvelles institutions. Leur positionnement était certes plus favorable. L'économie était moins ouverte qu'aujourd'hui et la ressource essentielle de l'économie fordiste, le pétrole, légitimait l'intervention des gouvernements.

La leçon de l'histoire est que la mise en place de nouvelles institutions suppose des conditions exceptionnelles, malheureusement souvent tragiques. Aux États-Unis, il a fallu la Grande Dépression de 1929 pour que soit mis en œuvre le *New Deal*, puis l'effort de guerre exigé par la Seconde Guerre mondiale. En Europe, le second conflit mondial a été une sorte de préalable à la mise en place d'institutions comparables à celles du *New Deal*. C'est pour répondre aux besoins de la reconstruction, pour tirer les leçons du déchirement de l'Europe et parce que le désastre avait « *donné de l'importance aux gens ordinaires* », comme l'a dit Beveridge, que ces institutions ont été mises en place. Dans l'ensemble, entre la naissance de la première industrie fordiste (l'industrie automobile) et la mise en place par les États des institutions adaptées à ce paradigme nouveau, il a fallu attendre plusieurs décennies, des dirigeants d'une envergure exceptionnelle… et une terrible guerre mondiale.

9 Tout gratuit ?

L'économie numérique est à l'origine d'un malentendu. Parce que la plupart des premiers services en ligne étaient gratuits, beaucoup de dirigeants d'entreprises de contenus, en particulier dans le secteur de la presse, ont cru qu'Internet n'était qu'un canal de communication et de marketing et ont initialement décidé de mettre leurs contenus à disposition sans rien faire payer.

Deux phénomènes les ont confortés à l'époque dans cette approche. D'une part, le marché publicitaire était immature. Dans une économie numérique où les pages Web étaient encore peu nombreuses, donc les espaces publicitaires encore rares, il était facile de tirer des revenus publicitaires de la mise en ligne de contenus. D'autre part, Chris Anderson, patron du magazine américain *Wired*, a promu dans un ouvrage devenu célèbre, traduit en français sous le titre *Free ! Entrez dans l'économie du gratuit*. Selon lui, la gratuité a un rôle central dans l'économie numérique, notamment à travers les modèles dits *freemium* (c'est-à-dire une offre gratuite en libre accès et une offre haut de gamme en accès payant).

Cette apparente prédominance des modèles gratuits a été démultipliée par la diversification précoce des premières grandes entreprises numériques. Une entreprise comme Google, parce qu'elle tirait des revenus substantiels de son activité publicitaire liée au moteur de recherche, a pu mettre en ligne de nombreux autres produits gratuits par ailleurs. L'enjeu n'était pas de générer du chiffre d'affaires supplémentaire mais de « fermer » son écosystème – de retenir et mieux connaître ses utilisateurs en multipliant les points de contact avec eux.

L'économie numérique est propice au développement de ces modèles d'affaires à plusieurs faces. Il suffit, pour une entreprise, de générer du chiffre d'affaires sur l'une des faces de son modèle, quitte à multiplier les autres faces pour démultiplier le nombre de ses utilisateurs et exercer un effet de levier sur sa croissance. Jean Tirole, prix Nobel d'économie, est l'un des spécialistes de ces modèles si répandus dans l'économie numérique. Il a montré qu'il n'existait pas de règle générale en matière de génération de chiffre d'affaires sur les différentes faces d'un même modèle. Dans certains cas, il est optimal de facturer sur les deux faces du modèle. Dans d'autres cas, il est préférable de ne faire payer les clients que sur une seule face, car c'est la condition pour maximiser le volume des opérations. Par exemple, Google ne fait pas payer les utilisateurs de son moteur de recherche – de même que les chaînes de télévision traditionnelles, avant l'arrivée de la télévision à péage, ne faisaient pas payer leurs téléspectateurs : la gratuité était la condition pour attirer une audience plus nombreuse et ainsi pouvoir facturer plus cher le temps d'antenne aux annonceurs.

La prévalence de la gratuité dans l'économie numérique des débuts a provoqué des tensions entre les entreprises numériques et les filières culturelles traditionnelles (la musique, le cinéma, l'audiovisuel ou le livre), au point que beaucoup considèrent encore que l'économie numérique provoque la ruine des créateurs.

La demande de gratuité émane en grande partie des utilisateurs. Le propre des œuvres de l'esprit, dans l'économie numérique, c'est qu'elles sont valorisées dans des produits (pages Web ou fichiers MP3) dont la reproduction ne coûte rien. Dès lors qu'un article de presse a été rédigé ou qu'un morceau de musique a été enregistré, il ne coûte presque plus rien de les mettre à disposition sur Internet. Parce que les utilisateurs le savent, ils considèrent qu'il n'est pas nécessaire pour eux de rémunérer le produit, contrairement à l'époque où ils achetaient un support physique (un journal, un livre ou un CD), qui fixait la valeur. Beaucoup de gens refusent encore de payer pour des œuvres de l'esprit, soit par habitude, soit par militantisme, soit parce que le catalogue d'œuvres ou le corpus de textes mis à disposition par abonnement est trop limité, soit enfin parce que le design de l'offre payante laisse à désirer. Cette situation explique la persistance du piratage et la pression à la baisse qui en résulte sur le prix des œuvres en ligne.

Mais deux ruptures conduisent à relativiser la tendance à la gratuité. La première, c'est le lancement de l'iPod adossé à un nouveau logiciel permettant d'acheter le droit d'utiliser des fichiers MP3 à l'unité. Avec iTunes et les fameux morceaux à 99 centimes, Steve Jobs a prouvé aux maisons de disques que la demande d'expérience exceptionnelle l'emportait sur la demande de gratuité. Les utilisateurs d'iTunes (et aujourd'hui de Spotify) nous révèlent qu'ils sont prêts à payer pour de la musique. En revanche, ils exigent de pouvoir acheter des morceaux à l'unité et de pouvoir accéder à leur musique de façon quasi instantanée, par l'intermédiaire d'une interface fluide, agréable et simple d'utilisation.

La deuxième rupture, c'est le développement de l'économie collaborative. Il montre que la demande de gratuité reste vivace pour les produits culturels, mais pas pour les produits ou services matériels (les transports ou le logement). Beaucoup n'imaginent pas payer pour des articles de presse ; en revanche, personne n'imagine ne pas indemniser son conducteur sur Heetch ou son hôte sur Airbnb.

Au-delà de ces deux tempéraments, une pression à la baisse s'exerce néanmoins sur les entreprises les plus éloignées des consommateurs. En aval des chaînes de valeur, près des clients finaux, une concurrence féroce oppose les différentes entreprises en présence. Elle prend d'abord la forme d'une course à la baisse des prix. Pour attirer les utilisateurs, il faut leur proposer moins cher et donc reporter la pression sur les entreprises positionnées plus en amont de la chaîne de valeur, qui doivent comprimer leurs marges. C'est pour cette raison qu'un spectaculaire bras de fer a opposé Hachette à Amazon en 2014. Ensuite, tôt ou tard, l'entreprise numérique dominante finit par interrompre la course à la baisse des prix. Elle peut, comme Amazon, offrir à ses utilisateurs une expérience exceptionnelle, qui les dissuade de regarder ailleurs et de comparer sans cesse les prix avec ceux des concurrents. Elle peut aussi ériger une barrière à l'entrée grâce à la détention de droits exclusifs (comme Netflix pour ses séries originales) ou l'opération d'un modèle d'affaires à deux faces, comme c'est le cas pour Uber et

Airbnb. Il est facile, pour un concurrent d'Uber, de lui prendre des clients en baissant les prix ; en revanche, il est très difficile de conquérir en même temps les chauffeurs qui sont nécessaires pour assurer la qualité du service – et qui exigent évidemment d'être rémunérés !

Sans imposer la gratuité universelle, l'économie numérique va continuer à faire baisser les prix. Puisqu'une seule entreprise finit toujours par dominer le marché (ce que Fred Wilson appelle la loi du *winner-takes-most,* quand une firme remporte presque tout le marché), les concurrents présents au départ ne ménagent pas leurs efforts pour gagner la course. Ils sont d'autant plus prêts à baisser les prix qu'ils savent qu'à l'arrivée, il n'en restera qu'un – et qu'il sera bien temps, alors, de monter les prix ou de découvrir d'autres sources de revenus. Dans certains cas, cette course à la baisse permet bien de désigner un vainqueur : c'est ce qui s'est passé pour Amazon. Dans d'autres, comme sur le marché du ménage à domicile, tous les concurrents en lice finissent par connaître des difficultés et le marché doit attendre plusieurs années pour retrouver son équilibre… et pour que de nouveaux entrepreneurs tentent leur chance à leur tour.

10 Et nos emplois ?

En mars 2016, un ordinateur a battu au go le meilleur joueur mondial. Le go était jusqu'ici réputé impossible à maîtriser par une intelligence artificielle. Mais depuis des années, l'intelligence artificielle fait tomber les unes après les autres les frontières entre l'homme et la machine. De plus en plus d'humains peuvent être remplacés par des machines, y compris dans des activités comme le jeu de go, qui requiert avant tout des qualités « humaines » comme l'intuition et la subtilité.

La destruction des emplois par le progrès technique n'est pas un phénomène nouveau. Les révolutions technologiques du passé ont contribué à faire disparaître nombre d'emplois. Mais la question des effets du numérique sur l'emploi a fait l'objet de plusieurs thèses successives, souvent contradictoires. Dans les années 1990, on pensait que le numérique allait créer pléthore de nouveaux emplois qualifiés. Il fallait donc former tous les individus aux métiers plus qualifiés de demain. Aujourd'hui, dans un débat empreint de pessimisme, on dit plutôt que le numérique détruit l'emploi, qualifié ou non, ou le rend plus précaire.

La première phase de la transition numérique s'est accompagnée d'une destruction nette d'emplois. L'automatisation des tâches manuelles routinières a même été amorcée dès les années 1960, avec la robotisation des usines. Une grande partie des services a aussi été automatisée. *In fine,* toutes les tâches faciles à modéliser sont concernées. Même les professions plus qualifiées sont touchées par le développement de l'intelligence artificielle. Le super-calculateur Watson, développé par IBM, semble pouvoir formuler des diagnostics médicaux pertinents. Une partie du travail des médecins, travailleurs hautement qualifiés, pourrait donc être prise en charge par des machines.

Le numérique ne se contente pas de remplacer les hommes par des machines. Il permet aux clients de faire une partie du travail eux-mêmes : plus besoin de guichetiers aux gares et aéroports quand la majorité des utilisateurs achètent leurs billets en ligne. Le numérique fait aussi émerger des amateurs qui viennent concurrencer les professionnels (les hôtes Airbnb font concurrence aux hôteliers) ainsi qu'une multitude d'utilisateurs qui créent de la valeur sans contrepartie monétaire directe (les voyageurs qui notent les hôtels et restaurants sur TripAdvisor).

Même les entreprises fordistes suppriment de nombreux emplois du fait de la transition numérique. Concurrencées par les géants du numérique, elles compriment leurs coûts à défaut d'innover. Pour « optimiser » leur production, elles licencient ou baissent les salaires de leurs employés. L'absence d'innovation dans des entreprises fordistes trop longtemps protégées contribue à intensifier les efforts d'optimisation et à augmenter les écarts de salaire au sein de ces entreprises. Il est toujours plus facile de baisser les salaires et de licencier des collaborateurs que de se convertir à l'innovation radicale !

Les classes moyennes et les professions réglementées sont les plus affectées. Les métiers routiniers correspondent en effet à toutes les professions « intermédiaires » dans la distribution des revenus. C'est même le propre de l'économie fordiste que d'avoir créé des emplois d'ouvriers faciles à intégrer à l'organisation scientifique du travail. Ce segment du marché du travail, parce qu'il s'est concentré dans les grandes entreprises, a donné naissance à une population emblématique du siècle dernier : les « classes moyennes ». Pour la plupart des salariés, les travailleurs des classes moyennes sont encore au cœur de notre modèle social. Mais parce que leurs métiers sont les plus routiniers, ils sont aussi les plus durement touchés par la transition numérique. La crise des classes moyennes explique celle de notre protection sociale dans son ensemble.

Les professions réglementées sont une autre catégorie particulièrement touchée. Les chauffeurs de taxi, journalistes, libraires, hôteliers, médecins ou avocats se mobilisent régulièrement pour dénoncer la concurrence « déloyale » des acteurs de l'économie numérique et convaincre les autorités de maintenir ou renforcer la réglementation les protégeant de cette concurrence. La médiatisation de leurs mobilisations entretient l'idée selon laquelle le numérique détruit l'emploi.

Pourtant, les entreprises numériques créent de plus en plus d'emplois, dans deux catégories. Elles embauchent des collaborateurs bien rémunérés et qualifiés. Elles créent aussi des emplois peu qualifiés, surtout dans les services à la personne, qui résistent encore à l'automatisation.

Bien qu'il soit moins soutenu que prévu, le développement des emplois qualifiés compense une partie des pertes d'emplois dans la production. Le recrutement des ingénieurs, développeurs ou designers fait depuis plusieurs années l'objet d'une forte concurrence entre les entreprises traditionnelles et numériques. En 2015, de nombreux postes de *data scientists* (ces ingénieurs qui savent faire parler les données pour en tirer des indicateurs stratégiques pertinents) n'ont pu être pourvus car ces talents, de plus en plus recherchés, n'étaient pas assez nombreux sur le marché.

Mais surtout, on commence à réaliser que ce sont avant tout des emplois peu qualifiés qui vont être créés dans l'économie numérique. Les services à la personne, qui requièrent le sens du contact et des qualités d'écoute et d'empathie, sont les plus difficiles à automatiser. Ces emplois sont donc appelés à devenir dominants dans une économie où tout ce qui peut être automatisé le sera tôt ou tard. Leur développement s'accompagne de la montée en puissance du travail indépendant.

Le développement des services à la personne ne signifie pas pour autant que les emplois de demain seront plus précaires et moins bien rémunérés. En aidant les travailleurs des services à la personne à améliorer leur façon de travailler, les applications numériques ergonomiques permettent une augmentation de la productivité et de la qualité de ces services, justifiant ainsi une rémunération plus élevée des travailleurs. De même que les classes moyennes de l'économie fordiste sont issues du monde ouvrier, les travailleurs dans les services à la personne pourraient devenir, demain, les classes moyennes de l'économie numérique.

Il existe cependant une différence notable entre l'économie numérique et l'économie fordiste : l'insécurité de l'emploi restera plus élevée dans l'économie numérique pour deux raisons. D'une part, parce que l'espérance de vie des entreprises baisse fortement, le travail salarié dans une entreprise sera de moins en moins synonyme de sécurité économique. D'autre part, les technologies numériques incitent de plus en plus les entreprises à recourir au travail indépendant plutôt qu'au travail salarié. Heureusement, de nombreux services nouveaux, eux aussi permis par le développement de l'économie numérique, pourraient offrir demain une meilleure protection aux travailleurs indépendants. À long terme, c'est toute notre protection sociale qui devra même s'adapter à la multiplicité des statuts pour rétablir, pour tous les ménages, une sécurité économique comparable à celle qui a caractérisé l'économie fordiste.

La fin du salariat ?

Le nombre de travailleurs indépendants a augmenté de manière spectaculaire en France. Il y aurait plus de 700 000 indépendants qui proposent leurs services – soit une augmentation de 85 % en dix ans, selon le rapport 2014 de l'*European Forum for Independent Professionals*. La plateforme Uber est devenue emblématique de ce « déclin du salariat » dont on parle partout. Pour les entreprises, *outsourcing* (externalisation des tâches vers des prestataires spécialisés), *crowdsourcing* (externalisation des tâches vers la multitude des utilisateurs) et *freelancing* (tâches effectuées par des travailleurs indépendants) s'intensifient grâce aux technologies numériques. Avec le « travail à la demande » disponible sur les plateformes numériques, les entreprises peuvent rendre le coût de leur main-d'œuvre plus variable et l'ajuster en fonction de leurs besoins conjoncturels.

Pourtant, le salariat est loin d'avoir dit son dernier mot. Le taux de salariat est aujourd'hui plus élevé qu'il y a encore 15 ans. Le salariat s'impose encore comme un modèle incontournable, tant il conditionne l'accès à des ressources vitales comme le logement ou la protection sociale. En réalité, ce sont même plutôt les autres formes de travail qui vont tendre à se rapprocher du salariat en termes de sécurité économique. Tout un éventail de ressources est en cours de déploiement pour offrir aux indépendants des avantages proches de ceux des salariés.

Le salariat n'a pas toujours été synonyme de sécurité économique. À partir du XVe siècle, le déclin de la féodalité a permis aux individus de pouvoir disposer de leur force de travail et la mettre à disposition de donneurs d'ordres, les employeurs. Les salariés étaient alors journaliers, c'est-à-dire recrutés à la journée pour des tâches précises, principalement dans l'agriculture. Avec le salariat, les individus ont perdu à l'époque la « sécurité » ultime que représentait pour eux le système féodal. Les salariés du XVIIIe et du XIXe siècles n'avaient ni travail ni revenus fixes.

C'est seulement avec l'apparition des entreprises industrielles, qui cherchaient à fidéliser les ouvriers pour mieux faire tourner leurs usines, que le salariat a rapproché le travailleur et son donneur d'ordres. Les coûts de transaction associés à la gestion des journaliers étaient devenus trop élevés. Il devenait économiquement opportun de s'attacher la force de travail des ouvriers pour des périodes longues.

Le salariat s'est ensuite affirmé comme la forme de travail dominante dans l'économie fordiste. Il représentait un avantage pour les entreprises dans les deux sphères de l'économie. Côté production, il permettait de fidéliser les ouvriers. Côté consommation, le salariat a permis d'assurer la stabilité des revenus et donc la solvabilité de la demande. C'est grâce au salariat que les entreprises ont pu écouler les grandes séries de produits standardisés issus des usines des entreprises fordistes.

La relative rareté du facteur travail a donné aux travailleurs, organisés en syndicats, le pouvoir de négociation nécessaire pour obtenir des droits dans la durée. Les contrats de travail se sont rigidifiés à l'avantage des travailleurs, notamment avec la mensualisation des salaires. Le lissage de leurs revenus a permis aux travailleurs de s'endetter auprès des banques pour acheter des biens de plus en plus chers – en particulier des voitures et des maisons. Les salariés ont aussi été de mieux en mieux couverts contre les accidents de la vie. Les institutions de la protection sociale ont permis de structurer et réglementer le salariat et de l'adosser à des régimes d'assurance sociale, financés par les employeurs et les salariés.

Le travail indépendant a résisté longtemps. Il y a encore 20 ans, le travail indépendant était bien plus répandu qu'aujourd'hui, notamment dans la France rurale des petites exploitations agricoles. Il y avait aussi de nombreux petits commerçants avant l'essor des grandes surfaces. Enfin, les professions libérales se sont développées fortement aux XIXe et XXe siècles.

L'importance du travail indépendant a commencé à diminuer avec l'intensification de l'agriculture et le succès des grandes surfaces de distribution. Pour ces raisons, le taux de salarisation – le rapport du nombre de salariés au nombre total d'actifs – a augmenté sans cesse jusqu'à une période récente. En France, ce taux était de 63 % dans les années 1950, 85 % dans les années 1990, et 91 % dans les années 2000.

Le salariat tel qu'il a été défini par l'économie fordiste a probablement atteint un sommet aujourd'hui. Mais même s'il se transforme, il est peu probable qu'on retombe en quelques années à un taux de salarisation aussi bas que dans les années 1970. Le salariat est en effet devenu une norme qui s'impose à tous. Tous ceux qui ont tenté d'obtenir un emprunt bancaire ou de signer un contrat de bail sans contrat de travail salarié ont pris la mesure de la difficulté à accéder au logement hors du salariat. Les *freelancers* ou jeunes entrepreneurs sans fonds de commerce sont de fait exclus de l'accès au logement et aux prêts bancaires. Du coup, de nombreux indépendants sont aussi salariés et cumulent en réalité plusieurs activités.

En revanche, le salariat va probablement se détacher progressivement de toutes les institutions auxquelles on l'a adossé. L'intégration dans l'institution salariale des composantes hétérogènes que sont les revenus, la protection sociale et le statut social, longtemps garantis par les grandes entreprises, est en voie d'affaiblissement. C'est bien le « dégroupage » des composantes du travail salarié qui est à l'œuvre aujourd'hui. Revenus, protection et statut seront de moins en moins réunis dans une seule situation. Les travailleurs devront recomposer l'ensemble de manière créative (soit en cumulant plusieurs activités, dont une salariée, soit en organisant eux-mêmes leur protection d'indépendant, soit en cherchant un statut social en dehors du travail rémunérateur).

Il faut donc imaginer la sécurité à l'ère de la réinvention professionnelle permanente. L'effacement des entreprises fordistes ne signifie pas que nous devons renoncer pour toujours aux avantages que nous procurait le salariat. Au contraire, tandis que le nombre de travailleurs indépendants repart à la hausse, on pourrait même assister à la création d'institutions inédites visant à recréer pour eux une nouvelle forme de sécurité. Le *Freelancers Union*, lancé en 1996 aux États-Unis pour proposer une assurance aux *freelancers*, réinvente le syndicalisme. Des start-up proposent des services pour lisser les revenus de ces travailleurs. De nouvelles institutions pourraient naître de ces initiatives.

La précarité généralisée n'est pas une fatalité. Pour ceux qui n'ont pas la fibre entrepreneuriale, il reste un avenir dans le salariat. Le fait de sécuriser l'apport des talents nécessaires présente un intérêt stratégique pour de nombreuses entreprises, y compris numériques. Certaines des entreprises de travail à la demande, comme la plateforme WorkGenius aux États-Unis, commencent même à offrir des contrats salariés pour fidéliser leurs travailleurs et les retenir sur leur plateforme. À l'ère du travail sur-mesure, l'enjeu de la sécurité économique – la possibilité d'accéder au crédit, au logement et à une protection sociale adaptée – est un combat politique essentiel. Le salariat disparaîtra peut-être un jour, mais les individus ne sont pas prêts à renoncer à la sécurité économique, condition de la croissance et de la vie en société.

12 La fin des managers ?

Les entrepreneurs de la Silicon Valley prétendent parfois n'avoir pas besoin de managers dans leurs start-up. « *Nous n'avons plus besoin de patron* », « *les chefs aiment de moins en moins leur rôle* » : c'est ce qu'affirme Frédéric Laloux, coach et ancien consultant chez McKinsey, qui, en 2014, a multiplié les conférences devant les managers des grandes entreprises traditionnelles. Son livre *Reinventing Organisations* a rencontré un succès sans précédent pour un livre de management.

L'écho que rencontrent ses mots s'explique par des changements culturels et managériaux. Les nouveaux modèles de management, inspirés des entreprises numériques, fascinent de plus en plus. On vante l'holacratie popularisée par l'entreprise Zappos (filiale d'Amazon depuis 2009) ou la gestion des ressources humaines réinventée par Netflix (Netflix laisse à ses employés la plus grande liberté en matière de congés. Même les congés parentaux sont illimités). Puisqu'on a quitté l'économie de la production de masse et de la standardisation, il paraît sensé d'embrasser un modèle permettant plus d'autonomie et d'innovation. Par ailleurs, les outils numériques permettent une collaboration accrue des travailleurs et une organisation plus « horizontale » du travail.

L'entreprise dite « libérée » fonde son modèle de management sur l'autonomisation des employés et la suppression du management pyramidal à l'ancienne. C'est en 2012 que la notion d'entreprise libérée a été théorisée par Brian Carney et Isaac Getz dans leur ouvrage *Freedom Inc.* Pour eux, l'encadrement intermédiaire est de plus en plus considéré comme inutile parce qu'il ne sert qu'à contrôler et ne produit rien. Il constitue même une classe « parasite ». Lorsqu'on « libère » ces ressources gaspillées en management, alors l'entreprise s'enrichit d'un afflux de nouvelles ressources productives et devient ainsi plus compétitive.

Les employés libérés s'approprient et façonnent la culture et les objectifs de l'entreprise. Ils travaillent en autonomie, avec une plus grande liberté dans le choix de leurs horaires de travail, la possibilité de travailler à distance, le choix de prendre les congés dont ils ont besoin. Les entreprises numériques de la Silicon Valley, qui se font la guerre pour recruter les talents indispensables à leur croissance, sont libérées à leur manière : elles mettent en avant la grande autonomie dont disposent leurs employés et en font un élément fondamental de leur culture.

L'holacratie, popularisée par la start-up Zappos, est une variante du même modèle. Elle est définie dans Wikipedia comme « un système d'organisation de la gouvernance, basé sur la mise en œuvre formalisée de l'intelligence collective [...] qui permet de disséminer les mécanismes de prise de décision au travers d'une organisation fractale d'équipes auto-organisées ». Elle repose sur une vision organique des organisations humaines qui rappelle les cellules d'un organisme, à la fois autonomes et dépendantes de l'organisme qu'elles contribuent à édifier.

Mais il faut noter que la notion d'autonomisation (*empowerment*) des employés, que l'on retrouve dans les concepts d'entreprise libérée et d'holacratie, est loin d'être nouvelle. Les entreprises n'ont pas attendu le numérique pour aplatir les organigrammes. Le *lean management*, qui prend ses racines dans le toyotisme mis en place au Japon dans les années 1970, visait déjà à libérer les ouvriers de la cadence débilitante de la chaîne de production. Suivant les préceptes du toyotisme, la pyramide managériale est aplatie et les ouvriers sont invités à prendre des initiatives pour améliorer les performances de l'entreprise et la qualité des produits.

Bien que l'idée de la hiérarchie plate soit très à la mode, très peu d'entreprises ont effectivement supprimé la hiérarchie. Le modèle de management n'est pas un élément à part que l'on peut changer indépendamment des autres. L'utilisation d'outils numériques collaboratifs (comme Slack ou Facebook at Work, deux applications de travail en équipe populaires dans les entreprises numériques), dans les entreprises fordistes, ne suffit pas pour remettre en question un héritage organisationnel, social et culturel qui imprègne chaque parcelle de l'organisation. Il existe de fortes résistances culturelles dans les pays où l'on aime profondément la hiérarchie. En Israël, par exemple, où la culture managériale est nourrie par la culture militaire, l'organigramme plat est moins envisageable. En France aussi, la culture de la hiérarchie pyramidale est encore dominante.

L'anthropologue David Graeber s'est interrogé sur les raisons de la multiplication des postes de managers dans les entreprises. Alors que l'automatisation et les outils numériques auraient dû nous permettre de travailler quatre fois moins qu'au siècle dernier – ce que l'économiste Keynes avait d'ailleurs prédit –, nous avons progressivement remplacé les emplois productifs (notamment ouvriers) par des emplois improductifs, dont les emplois de managers.

En Union soviétique, où le travail était à la fois un droit et un devoir sacré, on inventait des emplois improductifs et des échelons intermédiaires inutiles pour occuper les gens et les dissuader de se rebeller. Paradoxalement, alors que le système capitaliste aurait dû être aux antipodes d'un système qui produit tant de gaspillage, un phénomène sensiblement comparable s'est également mis en place. Nous avons produit quantité de « jobs à la con » (*bullshit jobs*) pour nous maintenir occupés. Pour motiver les détenteurs de ces « jobs à la con », quoi de mieux que la promesse de pouvoir grimper dans la hiérarchie ? Si l'on ne produit rien, au moins peut-on « avancer »...

Enfin, les entreprises numériques elles-mêmes, quand elles deviennent des géants, recréent les échelons intermédiaires qu'elles avaient tant moqués quand elles n'étaient encore que des start-up. Google, par exemple, a nettement plus d'échelons hiérarchiques qu'à ses débuts, même si ces échelons sont certainement moins nombreux que dans une entreprise fordiste de taille comparable. Les entreprises numériques ont développé des hiérarchies informelles (mais néanmoins réelles), non visibles dans leur organigramme. Elles ont mis en place des structures hiérarchiques claires pour optimiser certaines de leurs fonctions : soit celles devenues matures, comme la régie publicitaire chez Google, soit celles déjà matures ailleurs dans l'économie, comme la logistique chez Amazon. Les employés d'Amazon qui travaillent dans les entrepôts ne connaissent pas l'organigramme plat. D'autres fonctions critiques pour la continuité de l'exploitation, comme la gestion des *data centers*, sont elles aussi optimisées et mises en tension grâce à des systèmes hiérarchiques à la rigueur militaire.

Il ne suffit donc pas de supprimer les échelons hiérarchiques pour devenir comme par magie une entreprise numérique ! Les entreprises numériques ont elles-mêmes recours aux systèmes hiérarchiques lorsque la nature des activités le justifie. Le modèle de management fait partie d'un tout. Il est impossible d'en changer sans faire évoluer toutes les autres composantes de l'entreprise.

13 La fin du travail au bureau ?

La start-up Slack, qui propose un outil facilitant le travail collaboratif à distance, est aujourd'hui valorisée à plus de 2 milliards de dollars. Elle est devenue la « licorne » à plus forte croissance de l'histoire de l'économie numérique. Le succès de Slack et de toutes les applications rendant plus aisés la communication et le partage d'informations, comme Facebook at Work, Google Doc ou encore Skype, illustre la popularité du travail à distance, notamment dans les entreprises numériques.

Les outils de communication sont devenus beaucoup moins chers, tandis que le coût des déplacements physiques s'est renchéri. La possibilité du travail à distance est devenue plus attractive pour de nombreuses petites entreprises désireuses de réduire les coûts liés à l'immobilier. Elles sont donc nombreuses à avoir rendu plus flexible l'espace de travail et supprimé les « postes fixes ». Les employés vont et viennent au gré de leurs besoins professionnels. Ils travaillent parfois de chez eux.

Par ailleurs, les jeunes talents dans les entreprises numériques refusent de « pointer » au bureau comme le faisaient leurs parents. Certains développeurs, graphistes et autres rédacteurs (*copywriters*) choisissent le statut de travailleur indépendant notamment pour pouvoir choisir librement leur lieu de travail. La possibilité de travailler à distance est donc utilisée comme un argument pour recruter les talents convoités par les entreprises numériques, en particulier les développeurs qu'elles ont tant de mal à attirer. Cette tendance contribue à la création d'une nouvelle classe de « nomades numériques » (*digital nomads*), qui peuvent librement choisir le lieu où ils travaillent, du moment que la connexion à Internet est assurée.

Pourtant à l'échelle des territoires, les zones les plus peuplées se densifient de plus en plus. Le travail dans les usines de l'économie fordiste était assez bien réparti sur l'ensemble du territoire – du moins en plusieurs points de ce territoire –, et le plus souvent loin des grandes villes. Les activités numériques, quant à elles, sont plutôt concentrées dans les zones à forte densité de population. En théorie, les travailleurs numériques pourraient habiter dans des appartements plus spacieux situés dans des villes de province et profiter des applications de travail collaboratif pour travailler à distance. En réalité, ils s'agglutinent dans les villes où le logement coûte de plus en plus cher.

Ce paradoxe s'explique par la tendance des entreprises numériques à se concentrer dans les villes. À l'inverse des entreprises fordistes, qui avaient besoin de ressources foncières abondantes pour leurs usines, hangars et bureaux, les entreprises numériques n'ont pas besoin de beaucoup d'espace. Elles peuvent rassembler leurs collaborateurs dans une même pièce, créant ainsi plus de valeur au mètre carré. En revanche, elles ont un besoin vital d'être là où se concentrent certaines parties prenantes clés : leurs investisseurs et les viviers de talents au sein desquels elles recrutent leurs collaborateurs. Elles veulent être stimulées dans leurs efforts d'innovation par les entreprises concurrentes. Enfin, elles doivent être proches des clients qui, en plus de consommer les biens ou services, mettent la main à la pâte et contribuent souvent à co-créer la valeur avec l'entreprise.

La concentration urbaine s'est donc renforcée avec l'émergence de l'économie numérique. La réalité des territoires montre que le phénomène des *digital nomads*, même s'il fascine, est encore marginal. Pour l'essentiel, les travailleurs sont là où sont les entreprises, même si l'organisation du travail est allée vers plus de flexibilité pour un certain nombre de travailleurs.

Le bureau physique est d'ailleurs loin d'avoir dit son dernier mot. Internet n'a pas réduit notre utilisation de papier : celle-ci est plus élevée que jamais. De la même manière, les bureaux physiques ne sont pas vraiment menacés par la multiplication des applications de travail à distance. Ces applications permettent dans certains cas d'éviter un coûteux déplacement. Mais les réunions en présence les uns des autres ne sont pas moins nombreuses pour autant. Il reste toujours nécessaire, pour faire un travail de qualité, de rencontrer ses supérieurs, ses collègues ou ses clients.

Les adeptes du nomadisme semblent d'ailleurs redécouvrir les vertus des échanges informels entre collègues sur un lieu de travail. La machine à café et l'espace de restauration restent des lieux privilégiés pour trouver des idées, échanger des bonnes pratiques ou créer des synergies inattendues. Le département des ressources humaines de Google a mené de nombreuses études sur les liens entre espace de travail et productivité des employés. Sa conclusion est que les espaces de collaboration sont essentiels à la productivité des travailleurs. Les données collectées par

Google révèlent que les collaborateurs travaillent mieux quand ils sont rassemblés dans un même lieu et même qu'il est important qu'ils prennent leurs repas ensemble.

Les travailleurs indépendants, développeurs ou *copywriters*, cherchent de plus en plus à se regrouper pour travailler « comme au bureau ». On observe depuis quelques années la multiplication des espaces physiques de *co-working*, organisés par des collectifs de *freelancers* ou des incubateurs, pour permettre aux indépendants et aux entrepreneurs de collaborer physiquement.

Par ailleurs, les entreprises restent attachées à l'espace de travail comme instrument de contrôle. En France, notamment, le « présentéisme » reste un mal très répandu, qui pousse les travailleurs à rester tard au travail avant tout pour renvoyer à leurs supérieurs l'apparence d'un dévouement à l'entreprise. Dans de nombreuses entreprises, il reste mal vu de s'absenter trop longtemps ou de partir du bureau avant 18 heures, même si par ailleurs on travaille le soir après le dîner.

Enfin, les institutions rendent les déplacements professionnels des individus plus difficiles. Les travailleurs ayant des enfants ne peuvent pas s'absenter trop longtemps de chez eux, ni déménager tous les trois mois pour explorer le monde tout en travaillant. Bien qu'il y ait de plus en plus d'enfants scolarisés à la maison, le nomadisme reste pour la plupart d'entre nous un rêve inaccessible.

14 Le triomphe des machines ?

Le cinéma d'anticipation a contribué à forger notre vision de ce que les technologies numériques nous réservent pour le futur. Dans *2001, L'Odyssée de l'espace* (1968), Stanley Kubrick donne à voir un ordinateur prenant le contrôle d'un vaisseau spatial au point d'en neutraliser les occupants humains. Plus récemment, avec *Terminator* (1984), James Cameron nous invite à imaginer un monde dominé par les machines, dans lequel les humains seraient entrés en résistance. Dans un film moins connu, *War Games* (1983), John Badham met en scène les errements du système d'information du Pentagone, échappant à ses maîtres humains et à deux doigts de déclencher une attaque thermonucléaire contre l'Union soviétique.

Nous restons marqués par cette vision apocalyptique d'une technologie triomphante, marginalisant l'humanité et prenant le contrôle de nos vies. L'économiste Robert Gordon prédit la disparition des emplois. L'entrepreneur Elon Musk, patron de SpaceX et Tesla Motors, met en garde contre la puissance de l'intelligence artificielle. La vision fantasmatique des ingénieurs et futurologues qui nous annoncent le transhumanisme (un mouvement prônant l'usage des sciences pour améliorer les caractéristiques physiques et mentales des êtres humains), n'arrange pas les choses. Les progrès fulgurants de la génomique, de la robotique, des algorithmes d'apprentissage ou de la réalité augmentée bouleversent d'autant plus nos repères que nous en voyons déjà les conséquences dans notre vie quotidienne et dans le monde du travail. Enfin, la vie en société est de plus en plus battue en brèche par les technologies numériques, qu'on accuse de favoriser le repli dans des communautés où tout le monde pense la même chose et de mettre à mal l'esprit de dialogue et de tolérance – jusqu'au repli absolu sur la sphère individuelle grâce aux progrès de la réalité virtuelle. Y a-t-il encore une place pour les rapports humains ? Serons-nous tous bientôt servis par des robots et conduits dans des voitures sans chauffeur ? Que reste-t-il d'humain dans ces entreprises irriguées par les technologies numériques ? L'humanité a-t-elle de l'avenir dans notre monde toujours plus numérique ?

Le durcissement du monde du travail, à mesure que les technologies numériques s'y déploient, contribue à nourrir ces inquiétudes. L'automatisation croissante d'un certain nombre de tâches, confiées à des logiciels ou à des robots plutôt qu'à des travailleurs, nous suggère que nous n'avons plus notre place dans l'univers de la production. L'automatisation va loin désormais. Elle concerne depuis longtemps les usines d'assemblage (y compris en Chine). Elle touche désormais la maîtrise des immenses bases de connaissance qui distinguaient, jusqu'à une date récente, les comptables, les juristes, ou encore les médecins. Lorsque les humains ont encore leur place dans les organisations, ils y sont de plus en plus soumis à la technologie, qui déploie sa puissance d'optimisation, prend le contrôle de l'attribution des tâches et nous impose la cadence de travail. Nous serions de plus en plus asservis par la technologie.

En réalité, l'idée du numérique comme négation de l'humain relève du fantasme. De nombreux signes suggèrent que le progrès technologique n'a pas éteint le besoin ou la demande de rapports humains. Au contraire, une entreprise comme Facebook doit son succès à notre passion des interactions fréquentes avec d'autres personnes : son modèle d'affaires est conçu pour stimuler et multiplier ces interactions. Une autre entreprise, la française BlaBlaCar, met en avant les relations humaines qui se nouent entre les conducteurs et les passagers lorsqu'ils partagent un trajet en voiture. Plutôt que de nous résigner, il ne tient donc qu'à nous de ménager les conditions d'un nouvel épanouissement de l'humain grâce aux technologies. Mais pour cela, il nous faut comprendre qu'il existe deux visions, radicalement opposées, de la technologie et de ses finalités.

L'une des visions de la technologie est héritée des entreprises fordistes, encore obsédées par l'organisation scientifique du travail. La vision de la technologie dans les organisations fordistes est qu'elle doit permettre d'intensifier cette organisation scientifique du travail, d'automatiser l'exécution des tâches, d'accélérer les cadences et, dans la mesure du possible, de remplacer les humains par des machines. Cette représentation de la technologie comme opposée à l'humain est perceptible dans les discussions contemporaines sur les *Big Data* ou les *Smart Cities*. On y décèle sans mal le fantasme d'organisations libérées des humains pour mieux être prises en main par les machines. Si les grandes entreprises s'intéressent tant aux *Big Data* et si les cabinets de conseil vendent tant de missions touchant à ce sujet, c'est parce que le concept de *Big Data* suggère que l'on va pouvoir encore plus automatiser les grandes organisations et ainsi les rendre moins dépendantes des humeurs et des imperfections des collaborateurs humains. Les *Big Data*, d'une certaine manière, c'est le *Big Business as Usual.*

Une autre vision de la technologie est celle héritée des prémices de la révolution numérique, dans les années 1960. Toute une filière, l'informatique personnelle, est née dans l'idéal de l'affirmation des individus face aux organisations. L'informatique personnelle n'est pas née pour aider les grandes entreprises à être encore plus productives, mais pour permettre aux individus de s'émanciper de ces entreprises. L'héritage de la révolution numérique est donc ambivalent : émanciper l'individu, c'est contribuer à la montée de l'individualisme et donc à la fragmentation de la société ; mais émanciper l'individu, c'est aussi lui permettre d'aller vers les autres et d'interagir avec eux pour mieux s'affranchir de l'oppression qu'exercent les grandes organisations publiques et privées.

C'est la raison pour laquelle la révolution numérique, qui est avant tout une révolution de l'informatique personnelle, a culminé avec le déploiement à grande échelle d'Internet. Internet n'est rien d'autre qu'une infrastructure permettant l'interconnexion généralisée des individus. La révolution numérique porte donc en germe des connexions inédites entre les individus, qui permettent à des liens humains de se nouer pour la première fois : entre les malades atteints d'une même maladie orpheline ; entre les déshérités mis en réseau et parvenant enfin à défendre leurs intérêts ; entre les victimes de l'oppression des régimes dictatoriaux, qui peuvent ainsi se mettre en mouvement et accomplir des révolutions politiques comme lors du « Printemps arabe ».

La transition numérique est maintenant assez avancée pour nous permettre de comprendre en quoi la technologie peut changer les organisations elles-mêmes. L'apport considérable de Henry Ford à la science des organisations est la démonstration qu'une sécurité économique accrue (un contrat de travail et un salaire versé par une grande entreprise résiliente) entraîne une productivité plus élevée. Aujourd'hui, dans notre économie plus numérique, la sécurité économique des individus s'érode de plus en plus. Les contrats de travail sont plus précaires. Les salaires sont plus bas. Les entreprises elles-mêmes, start-up comme grandes entreprises, sont plus fragiles : elles peuvent licencier ou mettre la clé sous la porte à tout moment. Dans cette économie, les relations humaines jouent un rôle d'autant plus important. La culture et les valeurs des entreprises, les rapports humains qu'elles inspirent en leur sein, deviennent des outils de management qui se substituent de plus en plus aux organigrammes pyramidaux, aux revues de performance et aux manuels de procédures.

On commence aussi à mieux comprendre le grand retour des rapports humains dans une économie plus numérique. Grâce aux technologies numériques, ces rapports humains sont plus nombreux, plus diversifiés, parfois plus intenses. Surtout, ils donnent lieu au développement d'activités nouvelles. À mesure que le progrès technologique permet d'automatiser tout ce qui est routinier, la main-d'œuvre se redéploie vers les seuls emplois qui résistent encore à l'automatisation : ceux des services à la personne, où la qualité du service suppose écoute, empathie, chaleur, confiance, capacités d'adaptation aux besoins particuliers de chacun.

Encore une fois, les pionniers de l'informatique personnelle ne voyaient pas l'ordinateur comme un moyen de remplacer l'homme, mais comme une ressource destinée à le rendre plus puissant, afin qu'il s'affirme et se libère des organisations. Il existe une version de l'avenir dans laquelle les machines triomphent des hommes et font disparaître l'humanité. Il en existe une autre où les machines sont mises au service d'une économie qui redécouvre et revalorise les rapports humains.

15 Le capitalisme en pire ?

La transition numérique semble durcir les rapports de force dans notre économie capitaliste. Dans une économie plus numérique, les travailleurs seraient encore plus soumis au joug des capitalistes : les ouvriers malmenés et surveillés dans les entrepôts d'Amazon ; les ingénieurs qui se dévouent corps et âme sur les immenses campus des grandes entreprises numériques ; les travailleurs indépendants qui ont de plus en plus de mal à joindre les deux bouts sur les grandes plateformes de l'économie à la demande ; et nous tous qui serions, selon Trebor Scholz, devenus des travailleurs sans même le savoir – tant notre activité en ligne, pour laquelle nous ne sommes même pas rémunérés, crée de la valeur pour les entreprises numériques.

La transition numérique de l'économie est un changement radical dans la manière de produire et de consommer. Le travail, en particulier, est profondément bouleversé par le développement de l'économie numérique. Nous quittons une économie fordiste dominée par le salariat pour entrer dans une économie numérique où il n'y a plus de forme dominante mais plutôt la coexistence, pour un même individu, de plusieurs formes et statuts d'emploi, qui se cumulent à un instant donné ou se succèdent dans le temps. Dans l'économie numérique, nous sommes toujours salariés mais aussi, de plus en plus, entrepreneurs, auto-entrepreneurs, travailleurs indépendants, contributeurs indépendants sur les plateformes de l'économie collaborative. Non seulement les formes d'emploi se diversifient, mais nous en cumulons plusieurs tout au long de notre parcours professionnel. Il en ressort une impression d'insécurité économique accrue.

Il faut pourtant tempérer l'idée de l'affaiblissement systématique des travailleurs. D'une part, on assiste à l'irruption d'une nouvelle partie prenante dans l'entreprise, la multitude (les utilisateurs interconnectés en réseau), qui durcit considérablement le rapport de force avec les actionnaires, ce qui représente une opportunité pour les travailleurs. D'autre part, les entreprises sont beaucoup plus fragiles dans l'économie numérique. L'insécurité des entreprises, inédite, les oblige à s'appuyer sur leurs collaborateurs plutôt que de les malmener. Enfin, on assiste à l'émergence de nouvelles modalités d'exercice du rapport de force entre les travailleurs et les capitalistes. Le syndicalisme de l'économie fordiste n'est plus adapté à la défense des intérêts des travailleurs. En revanche, de nouvelles formes de syndicalisme émergent pour adapter la négociation collective à la nouvelle donne de l'économie numérique.

Dans l'intervalle, ce que nous vivons est avant tout une crise des institutions. L'impression d'un durcissement des rapports de force dans l'économie est due au fait que nos institutions ne sont pas adaptées à l'économie numérique et que cette inadaptation empêche à la fois la création de valeur et la redistribution de la richesse. Comme l'a montré l'économiste Carlota Perez, s'il y a un décalage entre la manière de créer de la valeur et les institutions économiques et sociales, alors de multiples frictions empêchent l'alignement des entreprises, des individus et des pouvoirs publics – et l'économie échoue à croître et à créer massivement des emplois. À l'inverse, si des institutions adaptées au nouveau paradigme sont mises en place, alors peut s'ouvrir un nouvel âge d'or. À l'image de l'économie fordiste de 1945 à 1973, l'économie numérique pourrait, elle aussi, connaître ses Trente Glorieuses – à condition de se doter des bonnes institutions !

Parmi ces institutions, la plus importante est probablement la protection sociale. Tout régime de croissance expose les entreprises et les individus à des risques critiques. Tant que ces risques les plus critiques ne sont pas couverts par des institutions adaptées, il est impossible pour les acteurs d'anticiper le développement de l'économie et d'aligner leurs intérêts. À l'inverse, lorsque l'on a déployé les régimes de protection sociale pour répondre aux besoins de l'économie fordiste, cela a permis un bouclage vertueux. Parce qu'ils étaient couverts contre les risques les plus critiques de l'existence (tomber malade et ne plus pouvoir travailler, vivre trop vieux pour continuer à occuper un emploi), les individus n'ont plus eu besoin d'épargner massivement, ont pu allouer plus de ressources à la consommation et ont même pu durcir le rapport de force avec leurs employeurs. Et parce que les individus, ainsi protégés et solvabilisés, se sont mis à consommer avec constance, il est devenu possible pour les entreprises de planifier la production de longues séries sur plusieurs années, et donc de réaliser les investissements pour déployer leurs opérations à des échelles inédites dans l'histoire.

La protection sociale telle que nous la connaissons a ainsi sécurisé le développement de toute l'économie, en protégeant les individus contre les risques et en assurant aux entreprises des débouchés stables. Malheureusement, notre protection sociale, héritée du XXe siècle, retient de nombreux individus dans l'économie fordiste. Migrer vers l'économie numérique, c'est souvent renoncer à cette protection sociale qui a fait l'attrait des emplois de classes moyennes dans l'économie fordiste. Cette protection sociale du passé laisse de côté ceux qui quittent l'économie fordiste pour embrasser les formes de travail plus répandues dans l'économie numérique, comme l'entrepreneuriat et le travail indépendant.

La mise en place d'institutions adaptées à l'économie numérique est l'un des chantiers majeurs que devront ouvrir nos dirigeants politiques et syndicaux dans les années qui viennent. Le sujet peut être saisi par la gauche comme par la droite. La gauche, parce que c'est sa mission de protéger les individus contre les risques critiques de l'existence – même s'ils ne sont pas salariés en CDI travaillant à l'usine. La droite, parce qu'elle mène depuis longtemps une bataille pour imposer des statuts d'emploi dérogeant aux dispositions générales qui régissent le monde du travail : sur la rémunération (le SMIC), sur la rupture du contrat de travail (la rupture conventionnelle), sur le temps de travail (les 35 heures).

Nous allons donc assister à une compétition qui promet d'être passionnante. D'un côté se trouvent ceux qui veulent mettre en place des institutions, notamment de protection sociale, adaptées à notre époque. De l'autre se trouvent ceux qui se contenteraient bien de démanteler les institutions du fordisme sans les remplacer par autre chose. Sortirons-nous de cette course incertaine avec une protection sociale redéployée et plus puissante (scénario « Roosevelt ») ou sans protection sociale du tout (scénario « Thatcher ») ? Le scénario Thatcher ne devrait faire envie à personne : comme l'ont brillamment montré Daron Acemoglu et James Robinson, économistes au MIT, dans leur livre *Why Nations Fail*, une économie ne peut se développer durablement que si elle se dote d'institutions « *inclusives* », qui redistribuent la richesse au plus grand nombre, notamment en protégeant les individus contre les risques les plus critiques.

Opter pour un scénario Thatcher serait d'autant plus dramatique que, depuis quelques années, nous progressons de façon spectaculaire dans notre compréhension de l'économie numérique. Nous pouvons donc maintenant exercer cette imagination radicale nécessaire à la création de nouvelles institutions. Si, comme nous aimons à le proclamer, la France a un modèle social à promouvoir, il faut qu'elle cesse de défendre à tout prix les institutions du passé et qu'elle mette à niveau son modèle pour le mettre en phase avec l'économie numérique.

16

Tout pour les jeunes ?

Les médias et les publicitaires évoquent sans cesse les *digital natives* et les « générations Y et Z » (d'ailleurs, quelle lettre vont-ils utiliser pour la génération suivante ?). Pour eux, le numérique et tous les bouleversements qu'il induit seraient exclusivement l'affaire des jeunes. Nous aimons tous forcer le trait sur le fossé entre les générations. Mais l'existence de ce fossé est une idée fausse. Les applications numériques sont utilisées par toutes les générations. Le numérique irrigue l'ensemble de l'économie, les biens comme les services, et ne laisse pas de génération complètement à l'écart. Enfin, la « génération Y » n'a pas inventé Internet !

Les bouleversements économiques, culturels et sociaux provoqués par la transition numérique n'ont pas épargné les plus de 30 ans, dont les habitudes de travail, la culture et les valeurs ont évolué de concert. Une personne de 40 ans en 2016 est à bien des égards plus proche culturellement d'une personne de 20 ans en 2016 que d'une personne de 40 ans en 1996. Il y a certes des différences de moyenne d'âge entre les utilisateurs de SnapChat (18 ans) et ceux de Facebook (41 ans), mais les plus de 30 ans ont été tout aussi transformés par les applications numériques.

Le concept de « génération Y » est particulièrement utilisé par les consultants en management pour expliquer la difficulté des dirigeants à « manager » les jeunes en entreprise. Pourtant, le comportement des moins de

30 ans ne diffère pas fondamentalement de ceux des générations précédentes (30-45 ans et plus de 45 ans). Jean Pralong, de la Rouen Business School, a mené une recherche auprès des personnes diplômées et montré que les Y avaient les mêmes aspirations professionnelles que les X. La seule différence est que les X, du fait de leur âge, sont les managers des Y. Mais tous partagent le même contexte : un monde du travail transformé par le numérique. Une autre recherche, faite en Belgique par François Pichaux et Mathieu Pleyer, conclut que les questions d'équilibre entre la vie privée et la vie professionnelle, de reconnaissance et de sens du travail sont partagées par tous.

Le concept de « *digital native* » renvoie à la dimension cognitive de la révolution numérique. Il est vrai que les enfants d'aujourd'hui ont des processus cognitifs différents de ceux des générations précédentes. Mais les évolutions en matière de cognition ont transformé toutes les générations successives. Comme l'explique l'auteur Nicholas Carr, notre cerveau est modelé par les principes de fonctionnement des outils que nous utilisons. Nous ne lisons plus de la même manière qu'avant. Par exemple, il nous est plus difficile de nous concentrer profondément sur un texte long.

Un autre effet du numérique est de nous rendre plus impatients et plus exigeants en matière d'ergonomie. Nous attendons davantage de prévenance ; des interfaces intuitives, fluides et agréables à regarder ; et, surtout, du lien social. La perfection du design des applications développées par les grandes entreprises numériques (Apple et

Facebook, par exemple) est telle qu'elle séduit particulièrement les personnes plus âgées, que la vue déclinante et l'impatience croissante rendent plus sensibles au design. Aucune marque ni aucun client n'aime le marketing dédié aux personnes âgées : si une annonce publicitaire vous rappelle que vous êtes vieux, c'est qu'elle est ratée. Mais le marché des personnes âgées (la « *silver economy* ») n'en est pas moins décisif pour les entreprises numériques. Les tablettes de Steve Jobs servent bien les besoins de ces personnes et rencontrent du succès dans les maisons de retraite.

Bien sûr, les personnes âgées sont isolées et beaucoup ne profitent pas des applications numériques. L'allongement de l'espérance de vie a amplifié le phénomène d'isolement. Mais ce ne sont pas les entreprises numériques qui ont aggravé la solitude de ces personnes. Plus probablement, c'est la dégradation de la qualité des services rendus par les organisations publiques et privées traditionnelles qui rend la vie des personnes âgées plus pénible. Livrées à elles-mêmes face aux automates mal conçus des aéroports et des gares (dont l'ergonomie est bien inférieure à celle des produits Apple), ces personnes regrettent bien l'aide que les humains pouvaient autrefois leur apporter. La solitude et l'isolement, qui frappent davantage les personnes âgées, sont d'ailleurs un problème auquel les entreprises numériques commencent à s'attaquer.

Même la Silicon Valley, longtemps accusée de « jeunisme », est en train de vieillir à son tour. Ses entrepreneurs se sont longtemps désintéressés des personnes de plus de 40 ans, préférant cultiver un « jeunisme » qui a beaucoup marginalisé les personnes plus âgées sur le marché local du travail. La moyenne d'âge des employés des grandes entreprises numériques reste encore basse à ce jour. Mais on y dénonce de plus en plus le manque de diversité générationnelle : plusieurs quarantenaires et cinquantenaires ont raconté la discrimination dont ils ont fait l'objet.

À mesure que les effectifs des grandes entreprises numériques augmentent, la moyenne d'âge des employés s'élève. À l'image de Mark Zuckerberg, désormais père de famille, les employés des entreprises numériques commencent à partager les désirs et les inquiétudes des jeunes parents. Les crèches sur les lieux de travail et congés parentaux généreux se répandent à toute vitesse, alors qu'ils étaient inexistants il y a encore quelques années.

On peut donc espérer que le « jeunisme » ira en s'atténuant. La gérontophobie n'est pas une fatalité. Non seulement la main-d'œuvre pourrait continuer à se diversifier, mais les entrepreneurs pourraient aussi s'attaquer de manière efficace aux problèmes spécifiques des personnes plus âgées, notamment sur les questions de santé.

17 Rien pour les femmes ?

Le monde du numérique, des entrepreneurs et du capital-risque n'est pas très féminin. Moins d'un tiers des effectifs des grandes entreprises numériques, comme Apple, Facebook, Twitter ou Amazon, sont des femmes. Elles n'occupent que 10 à 20 % des postes d'ingénieurs (16 % chez Facebook, 18 % chez Google). Dans les écoles d'informatique, particulièrement en France, les femmes ne représentent que 10 à 20 % des étudiants. La culture dominante du « Brogramming » – le mot mêle « *programming* » et « *bros* » et désigne « l'art de faire des programmes avec ses frères » – est un puissant refouloir pour les quelques femmes tentées de rejoindre cet univers. Celles qui s'y risquent partent le plus souvent au bout de quelques années, repoussées par un environnement trop masculin.

La Silicon Valley a longtemps été réticente face à ces critiques. Mais elle agit depuis cinq ans pour augmenter la diversité dans les entreprises. Non sans humour, les entrepreneurs américains ont mis au point la « Dave Rule », qui impose d'avoir dans ses équipes autant de femmes que d'hommes qui s'appellent Dave. Le succès du livre féministe de Sheryl Sandberg, numéro deux de Facebook, a rendu le sujet incontournable. Enfin, Vivek Wadhwa, un entrepreneur et universitaire indo-américain, a dénoncé sans relâche pendant plusieurs années la misogynie de la Silicon Valley et enjoint aux femmes à s'imposer davantage.

Les femmes s'engagent trop peu dans des études scientifiques. Il y a près de 25 ans, deux sociologues français, Christian Baudelot et Roger Establet, publiaient un essai, *Allez les filles !*, montrant que, malgré leur réussite scolaire, les filles étaient lourdement sous-représentées dans les filières scientifiques. Par exemple, seulement 10 % des diplômés de l'École Polytechnique étaient des femmes dans les années 1990. La principale raison tient aux stéréotypes, qui associaient les carrières scientifiques à des représentations masculines. Les femmes s'éloignent d'elles-mêmes de ces carrières, faute de « *role models* » en nombre suffisant. Le problème n'est pas uniquement français : la part des femmes dans les filières scientifiques est comparable dans la plupart des pays de l'OCDE – partout inférieure à 25 %.

Aujourd'hui, ces chiffres ont à peine bougé. La proportion de polytechniciennes plafonne à 14 %. L'informatique est plus que jamais une filière masculine. Aux États-Unis, la proportion de femmes qui étudient l'informatique à l'université dépasse rarement 25 %. La sous-représentation des femmes dans ces filières se reflète mécaniquement dans les effectifs des entreprises numériques. Bien sûr, le recrutement se diversifie d'autant plus que les besoins de talents obligent les recruteurs à redoubler de créativité. Mais le faible nombre de femmes diplômées en informatique crée un problème de vivier pour les recruteurs : même s'ils veulent sincèrement recruter plus de femmes, il y a trop peu de candidates sur le marché.

Heureusement, la programmation informatique se démocratise, à mesure qu'elle entre dans les écoles et touche des publics plus variés. De nouvelles écoles de code voient le jour pour répondre à des besoins nouveaux : des personnes souhaitant se réorienter vers à une nouvelle carrière, des entrepreneurs souhaitant apprendre à coder pour développer des applications et des enfants que leurs parents souhaitent former le plus tôt possible. Le Wagon en France ou Decoded en Grande-Bretagne rencontrent un grand succès. Decoded a même fait campagne pour que le code soit partout enseigné à l'école en Grande-Bretagne, ce qui est le cas depuis la rentrée 2015. Girls Who Code promeut le code auprès des filles. Enfin, les *Massive Online Open Courses* (MOOC) consacrés à l'informatique et au code, comme la célèbre Codecademy, trouvent un large public, notamment dans les pays en développement.

Les « *role models* » féminins se multiplient, largement relayés par des associations comme Duchess, association née aux Pays-Bas et aujourd'hui présente dans 60 pays, qui vise à valoriser et promouvoir les développeuses. Walter Isaacson, l'auteur d'un livre sur les grands pionniers du numérique, fait dans son livre la part belle aux femmes inventrices, comme Grace Hopper, la « reine du logiciel », qui a inventé le Cobol (un langage de programmation qui a permis le développement de nombreuses applications de gestion) en 1959. On se souvient que l'informatique des origines comptait de nombreuses femmes. Un documentaire intitulé *Code : Debugging the Gender Gap* retrace l'histoire de l'informatique pour démontrer que la féminisation du développement informatique est indispensable. Les progrès sont déjà perceptibles : en

2015, l'informatique est devenue la première filière de spécialisation des étudiantes de l'université de Stanford. Le recrutement des grandes entreprises de la Silicon Valley s'est suffisamment élargi pour convaincre les jeunes femmes de se lancer dans l'informatique. Bref, la culture des *Brogrammers* est en train de perdre du terrain.

Pour finir, l'entrepreneuriat est pour beaucoup de femmes une manière de contourner les barrières à l'embauche et de mener à bien des projets ambitieux. Il n'est d'ailleurs plus nécessaire d'avoir un profil « technique » pour monter une entreprise numérique ! Les profils des entrepreneurs de la Silicon Valley sont bien moins techniques qu'on ne l'imagine parfois. Steve Jobs, par exemple, n'était pas ingénieur informatique. Il est loin d'être une exception : la Valley est peuplée d'artistes, de philosophes, de designers ou de commerciaux qui ont construit des start-up ambitieuses. On imagine encore qu'une entreprise de logiciel ou d'e-commerce exige de ses fondateurs des compétences informatiques poussées. Mais il n'en est rien. En réalité, les compétences purement techniques qui étaient autrefois nécessaires pour développer des sites Web ne le sont plus, du moins au début de la vie de la start-up, tant les ressources déjà développées disponibles sur le marché répondent à (presque) tous les besoins d'une start-up qui se lance.

Ce sont d'ailleurs les profils littéraires, créatifs et commerciaux qui sont souvent les mieux placés pour inventer les usages qui feront le succès d'une nouvelle start-up. Une start-up est avant tout caractérisée par sa forte croissance, non par la dimension « technologique » de son activité. De plus en plus, les start-up se lancent avec une simple page Facebook et attendent d'avoir rencontré leurs premiers utilisateurs pour se lancer dans des développements plus techniques. Imaginer un usage et vendre un produit sont les deux compétences les plus essentielles dans les phases d'amorçage. Les deux requièrent moins de connaissances en informatique que d'empathie pour les premiers utilisateurs. Non seulement l'informatique n'est pas réservée aux hommes, mais en plus, elle n'est plus la clé de voûte du succès d'une start-up. Le numérique, de plus en plus, est aussi une affaire de femmes.

18 La pornographie triomphante ?

L'Internet d'aujourd'hui est une sorte d'âge d'or de la pornographie. Les effets économiques de ce triomphe du porno sont positifs, tant le partage de fichiers (photos, puis vidéos) pornographiques a été un moteur de développement technologique. Sans les technologies de compression de fichiers mises au point pour le partage de documents pornos, Internet ne serait sans doute pas ce qu'il est aujourd'hui – de même que le développement du Minitel en France doit beaucoup aux services de « Minitel Rose ». Notre rapport au numérique et les technologies que nous utilisons au quotidien doivent beaucoup aux applications sexuelles rendues possibles dans l'économie numérique. D'une certaine manière, c'est le porno qui nous a convertis à Internet.

Beaucoup de parents souhaiteraient pouvoir protéger leurs enfants des contenus pornographiques en ligne. Des outils de contrôle de navigation destinés à la « protection » des enfants se sont développés depuis une dizaine d'années pour permettre aux parents de bloquer l'accès à certains contenus. Mais l'abondance de ces contenus et l'habitude qu'ont les jeunes utilisateurs de contourner les barrières érigées par leurs parents rendent les tentatives de protection un peu futiles. La multiplicité des terminaux (smartphones, PC, tablettes) et le brouillage des frontières entre contenus professionnels et contenus amateurs (sur YouTube ou SnapChat) compliquent encore les choses.

Parce qu'il fait office d'éducation sexuelle dans certains milieux, le porno sur Internet façonne la sexualité des adolescents, au point d'entretenir une vision misogyne des femmes. Pensé par les hommes et pour les hommes, le porno est réputé misogyne. Les tentatives de développer des contenus pour les femmes ont le plus souvent été des échecs commerciaux. L'abondance des contenus pornographiques sur Internet a donc eu pour premier effet de généraliser et banaliser une vision étroite et androcentrée de la sexualité. C'est ce que dénonce Cindy Gallop, une publicitaire britannique vivant à New York, avec sa campagne Make Love Not Porn : « *Une génération entière de jeunes pense que ce qu'on voit dans le porno, c'est la réalité de la sexualité. Nous vivons dans une société hypocrite qui pense que les campagnes qui promeuvent l'abstinence marcheront, où les parents sont trop gênés pour parler de sexualité avec leurs enfants, et où les institutions scolaires sont si terrifiées par l'impératif du politiquement correct qu'elles préfèrent ne pas aborder le sujet du sexe. De fait, la pornographie fait office d'éducation sexuelle. Une rééducation doit avoir lieu. Moi, je n'ai pas de mal à dire, "merci bien, mais je préfère que tu n'éjacules pas sur mon visage". Mais ce qui m'inquiète, c'est que les jeunes filles qui n'en ont pas envie se sentent obligées de dire oui et de prétendre aimer ça.* »

Aux États-Unis, la déficience de l'éducation sexuelle provoque un cercle vicieux qui fait revenir en force la pudibonderie et les campagnes en faveur de l'abstinence – ce qui rend le porno encore plus « nécessaire » pour les jeunes qui souhaitent en savoir plus.

Entre l'industrie du porno et l'idéologie « anti-sexe », un fossé se creuse, pas encore comblé par une éducation sexuelle digne de ce nom. Le passé n'est pas un bon point de référence dans cette situation inédite. Les contenus pornographiques étaient certes moins accessibles avant Internet (ils s'échangeaient sous le manteau et se conservaient sous les matelas), mais l'éducation sexuelle n'était pas plus satisfaisante. Il nous faut donc imaginer comment le numérique peut faciliter l'éducation sexuelle au-delà de la simple fourniture de matériel pornographique. La force du numérique est aussi de rendre accessible l'information que les parents ou les institutions refusent de communiquer. Il ne généralise pas que le porno, mais également l'accès à l'information pour s'épanouir dans sa vie sexuelle.

Le porno, enfin, s'est lui aussi libéré et transformé grâce au numérique : il est bien moins monolithique qu'il ne l'était. Le numérique a eu pour effet de libérer le porno du carcan imposé par l'industrie pornographique traditionnelle, en permettant à des productions différentes de trouver leur public. Premièrement, la pornographie se banalise à mesure que des séries grand public comme *Game of Thrones* (ou *Rome*, il y a quelques années), produites par HBO ou Netflix par exemple, incluent des scènes qui auraient pu jadis être qualifiées de pornographiques. La sexualité montrée dans ces œuvres est plus diverse, homosexuelle autant qu'hétérosexuelle ; la vision des femmes y est plus progressiste que celle véhiculée par l'industrie porno traditionnelle. Elles font écho à la plus grande tolérance des jeunes générations vis-à-vis de la grande variété des pratiques sexuelles.

Deuxièmement, le porno s'est transformé avec le développement des plateformes de partage *peer-to-peer* telles que PornHub ou YouPorn. Celles-ci brouillent la frontière entre amateurs et professionnels et permettent l'expression d'une plus grande diversité. Le numérique permet à toutes les « minorités », en particulier aux homosexuels, d'avoir accès à des contenus qui leur sont adressés, sans craindre persécution et marginalisation. Dans certains pays (ou régions), le numérique a ainsi été un puissant outil de libération sexuelle et d'épanouissement.

Une lutte féroce oppose aujourd'hui les plateformes de pornographes amateurs et les studios de production traditionnels. Avec le numérique, on peut sortir de l'uniformité imposée par un marché de masse – l'économie fordiste du porno. Toutes les niches, y compris le porno « féminin », trouvent à s'exprimer. Certains professionnels peuvent nouer directement un lien avec leur public et se libérer du joug des producteurs de porno, ceux-là mêmes qui dominent une industrie longtemps dénoncée comme un repaire de corruption et d'exploitation. Avant Internet, les professionnels épanouis, libres et créatifs étaient plus rares dans la pornographie.

Dans l'ensemble, en matière de porno, le numérique a produit le meilleur (l'accès à l'information, l'accès libre aux contenus homosexuels, les contenus amateurs parfois moins misogynes), mais aussi le pire (les contenus illégaux et criminels des réseaux pédophiles). Les moyens de contrôle pour empêcher les contenus illégaux de circuler, ou les jeunes d'avoir accès à des contenus réservés aux adultes, sont souvent insuffisants. L'éducation et l'information restent donc les meilleures protections.

19 Faut-il rester anonyme ?

Le succès d'une première génération d'applications numériques a reposé en grande partie sur la possibilité pour les utilisateurs de s'exprimer sous couvert d'anonymat. Les forums de Doctissimo sont l'occasion pour « Juju94 » d'échanger avec « TeddyBear59 » et « DarkVador127 ». Avant cela, l'âge d'or du Minitel avait également permis une libération des usages : les services sexuels du « Minitel Rose » ont fleuri grâce à l'anonymat.

L'âge d'or du « Minitel Rose » ou des grands forums des débuts d'Internet a permis aux individus de s'exprimer librement. Protégés par l'anonymat, les homosexuels ont pu chercher des partenaires sexuels sans crainte d'être persécutés. Les adolescents ont pu s'informer sur la sexualité sans s'exposer. Les malades ont pu échanger avec d'autres malades sans révéler leurs secrets au grand jour. L'anonymat reste, encore aujourd'hui, le moyen privilégié pour échanger des informations sensibles sur des sujets médicaux ou sexuels. Dans de nombreux pays où la sexualité n'est pas libre, les jeunes multiplient les comptes Facebook avec des faux noms, pour pouvoir discuter avec de potentiels partenaires sexuels. Dans d'autres pays où la libre expression politique est bridée, l'anonymat est indispensable pour simplement échanger des idées.

Mais à mesure que le numérique a irrigué et transformé de plus en plus nos activités, les applications deviennent au contraire le meilleur moyen d'identifier les individus. Si l'on veut payer en un clic, il faut pouvoir prouver son identité. Les grandes applications numériques d'aujourd'hui ne reposent plus sur l'anonymat. Apple, Google, Facebook et Amazon sont même en guerre pour gérer l'identité de leurs utilisateurs. De plus en plus, on exige des garanties quant à la sécurité de nos échanges et de nos données. Le succès des applications en réseau repose avant tout sur la confiance. Or, peut-on avoir confiance en quelqu'un qui dissimule son identité ?

L'anonymat des débuts n'est de toute façon plus possible, tant les traces que nous laissons permettent de nous identifier. Lorsqu'un individu se connecte, son fournisseur d'accès lui fournit une adresse IP unique. Les traces des connexions (IP et moment de connexion) sont conservées dans le *log* de nos ordinateurs. Les *hackers* utilisent certes des *proxies* (c'est-à-dire des serveurs mandataires qui servent d'intermédiaires entre un ordinateur et le serveur de destination) pour rendre leur traque plus malaisée. Mais nous produisons tous des traces numériques, qui sont autant de preuves ineffaçables de notre identité. Chacune de nos interactions est traçable et peut être utilisée contre nous. Pour les criminels ou simplement ceux qui préfèrent la discrétion la plus totale, le véritable anonymat n'est possible qu'en dehors du numérique, là où les actions ne laissent pas de traces. Si Ben Laden a réussi à se cacher si longtemps de l'armée américaine, c'est qu'il a réduit au strict minimum son utilisation de technologies numériques. Une grande partie du Web, appelée le *Deep Web*, qui inclut toutes les pages non indexées par les moteurs de recherche, ménage une plus grande place à l'anonymat. Mais pour l'essentiel, notre économie rend désormais l'anonymat impossible, car elle repose sur la confiance.

La confiance, en effet, s'est imposée comme le fondement de la valeur dans l'économie numérique. Dans les pays où cette confiance n'existe pas, l'économie numérique ne peut pas se développer (il n'y a pas d'e-commerce en Algérie, par exemple). Le développement des plateformes de mise en réseau s'est accompagné de la disparition progressive de l'anonymat. Pour échanger sur les places de marché, il faut inspirer de la confiance et cela n'est pas possible dans l'anonymat. Qui voudrait laisser les clés de son appartement sur Airbnb à « DarkVador127 » ? Non seulement vous voulez vous assurer de l'identité des utilisateurs avec lesquels vous faites une transaction, mais vous voulez aussi nouer des liens personnels avec eux. Les transactions sur Airbnb ou BlaBlaCar ne sont pas anonymes comme peuvent l'être celles dans les grands hôtels traditionnels ou à la SNCF. La confiance est renforcée par un système de notation, qui permet de signaler aux autres internautes les acteurs les moins fiables. En l'absence d'un tiers de confiance (agence de location, agence d'intérim), les individus doivent pouvoir créer de la confiance par eux-mêmes.

On a longtemps cru que Facebook serait polluée par la multiplication des faux profils sous des noms d'emprunt. Ils existent, bien sûr, et sont même nombreux dans certains pays. Mais les profils Facebook sont surtout devenus le meilleur moyen pour un individu d'authentifier son identité – c'est d'ailleurs précisément pour cette raison que les malfaiteurs souhaitent usurper cette identité. La mise en réseau et la multiplicité des publications, qui reflètent la personnalité des utilisateurs, rendent l'usurpation de cette identité compliquée : il faut non seulement imiter celui que vous copiez dans ses publications, il faut également avoir obtenu de tous ses contacts qu'ils deviennent vos « amis ». C'est pourquoi, la fonction « Facebook Connect » est devenue un outil fiable pour faire valoir son identité.

Avec la fin de l'anonymat et le triomphe de la confiance, les entreprises numériques peuvent rentrer sur de nouveaux marchés. Par exemple, les géants du numérique que sont Apple, Facebook ou Amazon se font la guerre pour devenir l'acteur le plus incontournable du paiement en ligne. Pour collecter les données bancaires de leurs utilisateurs et faciliter les transactions, ils ont dû convaincre leurs utilisateurs que leurs données étaient en sécurité. Ils inspirent désormais la confiance que l'on doit accorder à un système monétaire pour que celui-ci fonctionne (le mot « fiduciaire » signifie « confiance », *fiducia* en latin : la notion de monnaie est donc intimement liée à celle de confiance). De plus en plus, c'est en sécurisant les données (et non grâce à l'anonymat) que l'on protège les échanges. La confiance s'est détachée pour de bon de l'anonymat, qui est de plus en plus résiduel dans l'économie numérique.

20 La fin de la vie privée ?

À l'aube de l'économie numérique, les entreprises numériques s'intéressaient assez peu aux données personnelles. Les entreprises se servaient d'Internet comme d'un simple canal de distribution, sans s'intéresser de près à leurs utilisateurs.

La rupture est intervenue avec Google. Lors de la mise en ligne du fameux moteur de recherche, qui a bouleversé les conditions de l'accès à l'information en ligne, les algorithmes ont fait irruption pour la première fois dans les modèles d'affaires des entreprises numériques. C'est un algorithme qui faisait la supériorité de Google, en lui permettant de mieux ordonner les résultats présentés en réponse à une requête de recherche.

Ensuite, Google, comme bien d'autres entreprises, a commencé à réfléchir à la mise en place d'algorithmes destinés à mieux connaître ses utilisateurs et à adapter la proposition de valeur de l'entreprise à leurs préférences personnelles. L'algorithme de recommandation d'Amazon, fondé sur des techniques de filtrage collaboratif, est emblématique de cette deuxième génération de l'algorithmique embarquée dans les applications numériques, tout entière vouée à la collecte et au traitement des données personnelles des utilisateurs.

Comme l'empire pétrolier de Rockefeller, initialement spécialisé dans le raffinage et la distribution, les entreprises numériques se sont donc mises à remonter leur chaîne de valeur pour mieux capter la matière première au cœur de leur activité : les données personnelles des utilisateurs. Il s'est d'abord agi de capter un flux déjà existant (retracer les parcours de navigation ou la correspondance électronique dans des bases de données), de numériser d'autres flux qui ne l'étaient pas encore (recueillir les avis de clients sur des produits, par exemple), puis finalement de stimuler la génération de nouvelles données personnelles en facilitant et en intensifiant l'interaction entre les utilisateurs eux-mêmes (ce que fait Facebook).

Aujourd'hui, l'intensité de la collecte et du traitement de données personnelles inspire de vives inquiétudes sur la fin de la vie privée. Pour analyser ces discussions et mieux les comprendre, il faut d'abord réaliser que la vie privée est d'apparition récente. Comme l'agriculture, elle est le corollaire de l'urbanisation : c'est dans les grandes villes, où la densité devenait vite synonyme de promiscuité, que les individus ont appris à mieux séparer la sphère publique de la sphère privée. Loin des villages de campagne, ils ont découvert, dans l'anonymat caractéristique des grandes métropoles, qu'on pouvait échapper à l'attention et mieux protéger son jardin secret. Comme dans bien d'autres domaines, il n'est pas à exclure qu'Internet remette en cause des institutions devenues centrales dans notre vie en société, mais qui sont malgré tout d'apparition récente – souvent directement issues de l'économie fordiste du XXe siècle.

L'économie numérique semble nous imposer une évolution rapide des normes sociales en matière de vie privée. Les individus sont de plus en plus habitués à transmettre des données personnelles à des organisations, sans forcément avoir conscience de l'ampleur des informations qu'ils révèlent. Ils sont aussi de plus en plus habitués à publier de telles informations en ligne, soit à l'attention du public (comme sur LinkedIn ou Twitter), soit au sein d'un large cercle de relations (comme sur Facebook).

Les risques augmentent dans des proportions considérables avec la numérisation de l'information, car tout ce qui est numérisé peut être reproduit et divulgué instantanément et sans coût. Une photographie familiale, partagée sur Facebook, peut être copiée par un tiers et mise sur la place publique – sans intention malveillante d'ailleurs. Des photographies où l'on se montre dénudé, comme celles que s'échangent de plus en plus les adolescents américains (le *sexting*), alimentent des bases de données douteuses et sont parfois divulguées en public alors qu'elles étaient censées rester dans la sphère de l'intimité. De plus en plus de données personnelles sont stockées dans les systèmes d'information des grandes organisations, de sorte qu'il est maintenant possible, par mégarde ou par malveillance, d'y accéder de façon frauduleuse et de porter atteinte à la vie privée des personnes.

Pour enrayer tout cela, certains demandent un durcissement du droit des données personnelles, sans réaliser que la question n'est pas tant l'intensité de la collecte que le cadre de confiance dans lequel s'inscrit cette collecte. D'autres demandent que les données personnelles collectées par certaines organisations, par exemple dans le secteur de la santé, soient enfermées à triple tour, au point que les individus eux-mêmes ne pourraient y avoir accès.

Le fameux « droit à l'oubli » est aujourd'hui la principale réponse faite à toutes ces préoccupations. Depuis une décision de la Cour de justice de l'Union européenne, les entreprises opérant des moteurs de recherche (en pratique, essentiellement Google) sont tenues de déréférencer certaines informations pouvant porter atteinte à des personnes, à la demande des intéressés et sous réserve de certains critères. En particulier, il ne doit pas s'agir d'une personne publique, car le déréférencement des contenus désobligeants porterait atteinte à la liberté d'expression. Les excès sont déjà visibles : certains rêvent d'un Internet expurgé, où chacun pourrait contrôler ce qui se dit sur lui ou sur les sujets qui lui tiennent à cœur. Les effets pervers de cette vision orwellienne sont déjà évidents. Comme pour « *Don't ask, don't tell* », une règle qui a longtemps obligé les militaires américains homosexuels à cacher leur vie sentimentale, la simple possibilité de rendre inaccessibles les contenus désobligeants va déclencher une course à l'effacement des informations et obliger tous ceux qui ont des choses à cacher à redoubler d'efforts pour protéger leur vie privée. Le corollaire du droit à l'oubli, c'est la stigmatisation accrue de tous ceux qui n'auront pas voulu ou pu l'exercer.

Une alternative est l'évolution des normes sociales. Si de plus en plus d'informations sont disponibles en ligne sur nous, alors pourquoi ne pas nous convertir à une plus grande tolérance ? Il en va, après tout, de la différence entre la vie privée et l'intimité. La vie privée, c'est ce qui peut être visible sur la place publique mais que certaines personnes (mon banquier, mon employeur, mon assureur) n'ont pas le droit d'utiliser contre moi. L'intimité, c'est ce qui ne regarde personne d'autre que moi. Avoir des enfants relève de la vie privée : un employeur sait si un collaborateur a des enfants, mais il n'a pas le droit de le pénaliser au motif qu'il a une vie de famille. Évidemment, il ne viendrait à l'idée de personne de cacher à tout prix l'existence de ses enfants. L'intimité, c'est autre chose : c'est ce qui se passe dans notre chambre à coucher, que nous numérisons à nos risques et périls.

Trois choses sont à retenir pour l'avenir. D'une part, si les individus laissent les organisations collecter leurs données personnelles, ils prennent néanmoins garde à ne pas mettre tous leurs œufs dans le même panier. Nous confions certaines données à Facebook, d'autres à Amazon, d'autres à Google et d'autres, enfin, à l'administration de l'État. D'autre part, nous ne confions pas nos données personnelles à n'importe qui, mais seulement aux organisations qui s'en servent pour améliorer notre expérience. Enfin, il faudra apprendre à mieux distinguer intimité et vie privée, et probablement édicter des normes pour que les informations sur notre vie privée accessibles publiquement ne puissent pas être utilisées pour porter atteinte à nos intérêts.

21 Toujours plus d'inégalités ?

En janvier 2016, Paul Graham, investisseur et essayiste très lu dans la Silicon Valley, a publié un long essai sur la fragmentation de la société. Il y exprime l'idée selon laquelle les divisions qui fragmentent notre société ne sont pas la conséquence de forces inédites, qui nous éloigneraient les uns des autres, mais plutôt le résultat d'un affaiblissement des institutions qui nous ont permis, jusqu'ici, de vivre ensemble et de partager une condition économique commune.

Dans son best-seller mondial *Le Capital au XXIe siècle*, paru en 2014, Thomas Piketty précède l'argument de Paul Graham et nous aide à le mettre en perspective. L'argument central de Thomas Piketty est que les inégalités se creusent quand les investisseurs s'enrichissent plus vite que les travailleurs (lorsque ce que gagnent les détenteurs d'une épargne importante investie sur les marchés financiers est supérieur au taux de croissance de l'économie). Si ceux qui ont de l'argent à investir s'enrichissent plus vite que l'immense majorité des individus qui ne peuvent valoriser que leur force de travail, alors les inégalités sont plus élevées.

Comme le rappelle Thomas Piketty, les inégalités ont longtemps été la norme. Jusqu'à la fin du XVIIIe siècle, la croissance de notre économie, encore agraire et artisanale, était peu ou prou égale à zéro. À partir de la révolution industrielle, la croissance économique a fait son apparition, mais le dynamisme de l'économie a aussi contribué à augmenter le retour sur capital investi, de sorte que les inégalités sont restées élevées jusqu'à la première moitié du XXe siècle.

Puis, plusieurs phénomènes ont provoqué un resserrement spectaculaire des inégalités à partir de la Seconde Guerre mondiale. La guerre elle-même a eu deux conséquences. Beaucoup de riches familles ont perdu leur patrimoine. Il a aussi fallu reconstruire les pays dévastés par la guerre, ce qui a stimulé la croissance économique et contribué à faire baisser les inégalités. Par ailleurs, l'après-guerre a vu la mise en place et la généralisation d'institutions destinées à soutenir les revenus des travailleurs et à pourvoir de la sécurité économique aux salariés : les contrats de travail, le dialogue social, la protection sociale, le système bancaire et l'imposition progressive des revenus. Au cœur de ce système se trouvait une institution centrale dans l'économie du XXe siècle : la grande entreprise fordiste. Dans certains pays de tradition sociale-démocrate, les choses ont été encore plus loin avec la mise en place de services publics universels qui ont permis de réduire certains facteurs critiques d'inégalités, comme l'accès aux soins ou à un logement à prix abordable.

Depuis les années 1970, toutefois, les inégalités se creusent à nouveau et révèlent ce que Paul Graham appelle la « refragmentation de la société ». Il y a à cela trois principales raisons – dont aucune n'est en réalité liée à l'économie numérique en particulier. La raison macroéconomique tient à la mondialisation, qui voit les inégalités se réduire à l'échelle mondiale (avec l'émergence des classes moyennes dans des pays comme la Chine ou le Brésil) mais augmenter au sein de chaque pays. À cela s'ajoute la globalisation de la finance, qui déséquilibre le rapport de force entre les détenteurs de capital et les autres. Une autre raison, microéconomique, tient aux difficultés des grandes entreprises fordistes : parce qu'elles ont de plus en plus de mal à rester dans la course, elles imposent à leurs salariés et leurs fournisseurs des efforts d'optimisation sans précédent, qui creusent les inégalités de revenus en leur sein (le fameux écart de revenus entre le PDG et le salarié de base) et donc dans toute la société. Enfin, la troisième raison, institutionnelle, renvoie à l'affaiblissement de toutes les institutions qui, dans la seconde moitié du XXe siècle, ont contribué à resserrer les inégalités – en particulier la protection sociale et les syndicats.

Le développement de l'économie numérique ne joue qu'un rôle marginal dans ces évolutions. En revanche, la façon de produire et de consommer dans l'économie numérique est radicalement différente de ce que nous héritons de l'économie fordiste. Nous ne pouvons donc pas compter sur les institutions héritées du XXe siècle pour corriger les effets inégalitaires du capitalisme dans l'économie numérique. Le résultat est que les inégalités se creusent dans chacune des deux économies : dans l'économie fordiste finissante, parce qu'elle est à bout de souffle ; dans l'économie numérique naissante, parce que nous n'avons pas encore imaginé les institutions permettant de dynamiser la croissance économique et de redistribuer la richesse créée grâce à elle.

Il faut se garder de mettre en cause les entreprises numériques au motif de l'aggravation des inégalités.

Les inégalités n'ont pas diminué au XXe siècle parce que les entreprises fordistes ont décidé de mieux traiter les individus. Elles ont diminué parce que les pouvoirs publics ont imaginé et mis en place des nouvelles institutions, adaptées à la façon fordiste de produire et de consommer, et qui se sont imposées aux entreprises fordistes.

C'est à ce chantier que nous devons aujourd'hui nous atteler : imaginer de nouvelles institutions – de nouvelles formes d'emploi, un nouveau système bancaire, une nouvelle protection sociale, une nouvelle fiscalité – qui nous permettront peut-être, dans les décennies qui viennent, de vivre les Trente Glorieuses de l'économie numérique. C'est aux pouvoirs publics qu'incombe cet effort d'immigration radicale. La réduction des inégalités est à ce prix.

22 La fin de la propriété ?

Depuis une dizaine d'années, le marché des résidences secondaires traverse une crise en France. Selon une étude des notaires de Bretagne, le nombre d'appartements ou de maisons achetés comme résidences secondaires sur le littoral atlantique et de la Manche a reculé d'environ 25 % depuis 2005. Même les étrangers achètent moins de maisons dans ces régions. Tout se passe comme si l'accès à la propriété foncière était devenu moins désirable.

La crise des résidences secondaires révèle ce qui semble être une tendance profonde de l'économie numérique : le passage d'une économie de possession à une économie d'expérience, qui rend caduque l'accès à la propriété. Plus notre économie est numérique, plus le succès d'une entreprise dépend de sa capacité à déployer à grande échelle une expérience exceptionnelle pour les utilisateurs.

Uber, par exemple, est une expérience, qui fait passer la voiture au second plan. À mesure que son modèle se développe, les consommateurs se détournent chaque jour un peu plus de l'achat de voitures pour y préférer la « voiture comme service ». L'industrie automobile assiste, impuissante, aux transformations des aspirations des jeunes générations de citadins, qui sont plus nombreux à renoncer à conduire et même à passer leur permis de conduire. Ne plus posséder de voiture quand on habite dans une grande ville est un choix économiquement rationnel. Le coût de stationnement, d'entretien et d'assurance d'une voiture, dans une ville comme Paris, permet de couvrir le coût d'un grand nombre de déplacements en VTC, en Autolib ou en voiture de location.

Dans tous les domaines, les consommateurs privilégient donc de plus en plus l'expérience par rapport à la possession d'un objet. L'accès illimité et immédiat à un catalogue infini de morceaux de musique est devenu préférable à la possession de CD. iTunes puis Spotify ont contribué à faire de la musique une expérience au design parfait : à quoi bon s'encombrer encore de ces objets ? De même, Netflix a achevé d'enterrer l'objet DVD et de rendre dominant le modèle de l'abonnement mensuel en échange de l'accès à un catalogue de films et de séries. La notion de propriété ne fait plus sens pour les utilisateurs qui achètent désormais l'accès et l'expérience.

Pour les entreprises aussi, la possession d'actifs matériels – comme les entrepôts, les *data centers* ou les flottes automobiles – est devenue moins critique. Nombre de ces actifs sont devenus accessibles en tant que services. Amazon Web Services, en particulier, a rendu les serveurs et de nombreux investissements en infrastructures et développements informatiques inutiles pour les entreprises. Les entreprises dites de « SaaS » (pour *software-as-a-service*) offrent aux entreprises l'accès à toutes sortes de ressources, qu'il ne leur est plus nécessaire d'immobiliser. D'ailleurs, une partie du code est même *open source*, donc modifiable et disponible gratuitement. L'époque n'est plus au primat de la technologie, mais à celui de l'expérience que les meilleurs entrepreneurs parviennent à créer à l'aide de cette technologie. Cela convient bien aux consommateurs. Ils s'intéressent de moins en moins à ce qu'il y a sous le capot de la voiture, mais veulent juste qu'elle soit disponible quand ils en ont besoin et qu'elle roule sans encombre.

Avec le déclin des actifs immobilisés, une part croissante de ce qui était auparavant un coût fixe est devenue pour l'entreprise un coût variable. Il en résulte un abaissement des barrières à l'entrée, ce qui permet et encourage une plus grande concurrence entre les entreprises sur la qualité de l'expérience utilisateur. De nouveaux acteurs peuvent plus facilement entrer sur des marchés qui étaient autrefois protégés par des barrières tangibles à l'entrée. Plus besoin d'immobiliser un hôtel pour rentrer sur le marché de l'hospitalité : une entreprise comme Airbnb contourne cette contrainte en se reposant sur la multitude des utilisateurs, qui mettent à disposition leurs maisons et leurs appartements. De même, Netflix n'aurait sans doute pas pu se développer aussi rapidement sans la possibilité d'utiliser les infrastructures informatiques (logiciels et serveurs) proposées par Amazon Web Services, facturées en fonction du volume d'utilisation.

Le passage à une économie d'expérience engendre des bouleversements profonds dans nos usages et la manière dont nous nous assurons. Les sociétés d'assurance couvriront de moins en moins les biens détenus en propre. Elles devront imaginer des produits d'assurance qui nous protègent, à tout instant, dans les usages variés que nous faisons de biens que nous ne possédons plus et dans le partage de ceux que nous possédons encore (voitures partagées sur BlaBlaCar, maisons louées sur Airbnb). Aujourd'hui, le secteur de l'assurance n'innove pas encore au rythme de ces nouveaux usages. Ce sont donc les entreprises numériques elles-mêmes qui proposent les produits d'assurance adaptés aux nouveaux usages de consommation – à l'instar d'Airbnb, qui assure elle-même ses hôtes au cas où leur locataire saccage leur domicile.

L'économie d'expérience a été rendue possible parce que toutes les conditions de la confiance ont été réunies. Pour que les utilisateurs acceptent de partager l'usage de leurs biens matériels (maisons ou voitures) avec de parfaits inconnus, il a fallu que soient réunies ces conditions : la fourniture d'un service d'assurance, la force d'une communauté qui partage des valeurs, le design exceptionnel d'interfaces faciles à utiliser et la notation des utilisateurs par la communauté elle-même – l'accès libre aux critiques rend le système transparent, ce qui inspire confiance aux utilisateurs.

Mais, dans de nombreux secteurs, la notion de propriété ne disparaît pas pour autant. Le nombre de brevets déposés dans le monde croît régulièrement. Le brevetage du vivant s'accélère même, avec le développement des biotechnologies et le séquençage de l'ADN. Les secteurs pharmaceutique et agricole reposent davantage qu'avant sur la propriété d'actifs jugés critiques, comme l'ADN des semences. De même, les droits exclusifs sur les bases de données et autres actifs immatériels sont devenus un enjeu essentiel pour de nombreuses entreprises.

Enfin, dans les villes et régions où les populations se concentrent le plus, le marché immobilier est loin d'avoir fait disparaître la notion de propriété. La propriété immobilière reste, dans une ville comme Paris, un investissement rationnel – non sans effets délétères sur l'économie, puisque l'immobilier capte une épargne qui aurait pu être investie dans des classes d'actifs plus créatrices de valeur. La possibilité de mieux exploiter les actifs immobiliers en les louant sur Airbnb quand on n'en a pas l'usage est même une raison supplémentaire d'accéder à la propriété (la sous-location d'une maison ou d'un appartement par un locataire est, quant à elle, souvent illicite, en tout cas rendue plus difficile par des propriétaires prudents). L'inflation des prix immobiliers parisiens n'est pas près de prendre fin, tant l'offre de logements y est structurellement insuffisante. La propriété immobilière pourrait même constituer l'un des freins au développement de notre économie numérique.

23 Menace sur nos libertés ?

La Commission nationale de l'informatique et des libertés (CNIL) a été créée en 1978 à la suite des révélations du journal *Le Monde* sur le « projet Safari ». Avec ce système, l'administration fiscale souhaitait mettre en place un dispositif de croisement de fichiers afin de mieux contrôler les contribuables, leurs revenus et leurs comptes bancaires. L'article historique de Philippe Boucher, « Safari ou la chasse aux Français », paru le 21 mars 1974, a provoqué une double réaction. L'opinion publique a rejeté l'idée que les contribuables soient contrôlés dans toutes les dimensions de leur vie privée. Elle a aussi pris conscience de la puissance inédite des technologies de traitement de données dont les grandes organisations commençaient à s'emparer. La CNIL a été créée pour encadrer le recours à ces technologies, notamment par la plus grande des organisations – l'administration de l'État.

La mise en place de la CNIL a ouvert une nouvelle ère. D'une part, la France a été le premier pays à se doter d'une autorité de protection des individus vis-à-vis des traitements de données personnelles. D'autre part, sa mise en place a coïncidé avec l'affirmation d'une nouvelle liberté, le droit à la vie privée (*privacy*), rendue nécessaire par l'évolution des technologies. Il s'agit d'une rupture à bien des égards. Dans la plupart des grandes démocraties, les libertés fondamentales ont été affirmées et codifiées très tôt, dans des textes positionnés au plus haut de la hiérarchie des normes – le Préambule de la Constitution en France, le fameux *Bill of Rights* aux États-Unis. Une fois ces règles posées par les textes constitutionnels, la mission des pouvoirs publics était de les appliquer, le cas échéant, en les adaptant à l'état de la société et aux normes sociales du moment. Rares ont été les libertés affirmées postérieurement à l'adoption de ces textes fondamentaux. La protection de la vie privée, en présence de technologies de traitement de données de plus en plus puissantes, est l'une de ces libertés nouvelles.

On peut conclure de ce précédent que de nouvelles technologies doivent conduire à l'affirmation de nouvelles libertés. *A contrario*, on peut craindre le fait qu'en l'absence d'une évolution du droit, le progrès technologique constitue une menace inédite pour les libertés que nous croyons solidement établies.

Les révélations d'Edward Snowden ont beaucoup nourri le scepticisme de ceux qui doutent du numérique et considèrent qu'il constitue un danger plus qu'une opportunité. Le dispositif PRISM, révélé en 2013, permettait aux agences de renseignements américaines d'exploiter la puissance des systèmes d'information des grandes entreprises numériques pour collecter et traiter des informations sur des centaines de millions d'individus. La réaction initiale à ces révélations était empreinte de détermination à tirer les conséquences de cette situation inédite. Pour la première fois dans notre histoire, des organisations – les grandes entreprises numériques – collectent quotidiennement les données personnelles de centaines de millions d'individus. L'enjeu n'est plus seulement d'encadrer le recours des pouvoirs publics aux technologies. Il devient, aussi, de s'assurer que les mêmes technologies, utilisées par de grandes entreprises privées, ne vont pas indirectement mettre à mal nos libertés fondamentales.

Mais, depuis 2013, le sentiment qui a fini par s'installer est la résignation. Il n'est plus si certain que les individus soient si attachés à la protection de leur vie privée. Ils consentent à ce que les grandes entreprises collectent leurs données personnelles de façon régulière et systématique. Dans le contexte de la multiplication des attentats terroristes, ils déclarent même soutenir les mesures de surveillance de masse que les gouvernements adoptent pour tenter de mieux prévenir les actes terroristes. La réaction de l'opinion publique qui, dans les années 1970, a conduit à mettre en place la CNIL ne semble plus envisageable aujourd'hui – comme si certaines libertés fondamentales, encore plus menacées tant les technologies sont devenues infiniment plus puissantes, n'avaient plus d'importance à nos yeux. Les progrès fulgurants des technologies numériques rencontrent la résignation démocratique si bien décrite par Tocqueville.

Il est devenu urgent d'ouvrir une réflexion sur ces questions, encore trop dominées par ceux qui s'opposent au numérique par principe, incompréhension ou opportunisme. Les menaces du numérique sur les libertés, bien réelles, sont souvent instrumentalisées par ces « technosceptiques », qui cherchent à attaquer le numérique plus qu'ils n'aspirent à défendre les libertés. En l'absence de cette réflexion, devenue urgente, nous finissons par avoir le pire des deux mondes. Les sceptiques freinent le développement du numérique en lui opposant une critique vindicative, prétendument fondée sur la défense des libertés. Mais parce que leur réflexion est immature ou trop radicale, leurs arguments sont en réalité inopérants et les mesures prises par les pouvoirs publics portent malgré tout atteinte à ces libertés. Tant que nous ne réfléchirons pas à ces sujets, la critique des sceptiques marginaux n'y changera rien : c'est toujours le maillon le plus fort du système qui l'emportera.

Les conséquences du numérique sur nos libertés sont un champ, immense, de travaux à venir. Le numérique n'est pas qu'une menace pour les libertés anciennes ou un phénomène inédit qui appelle l'imagination de nouvelles libertés. Il est aussi un instrument dont peuvent s'emparer les combattants de la liberté pour mieux atteindre leurs objectifs. Par exemple, des progrès si fulgurants auraient-ils pu être accomplis sur le front du mariage pour tous aux États-Unis s'il n'y avait pas eu le numérique pour mettre en réseau les homosexuels, faire écho à leurs histoires d'amour, provoquer la prise de conscience de la majorité et sous-tendre la mobilisation politique ?

Dans certains cas, la puissance des grandes entreprises numériques permet aux citoyens de se mobiliser plus efficacement pour la défense des libertés. Les États sont alors marginalisés. On a vu, ces dernières années, des applications numériques jouer un rôle dans la défense des libertés fondamentales face aux régimes autoritaires ou dictatoriaux. Les citoyens chinois, par exemple, contournent la censure imposée par leur gouvernement grâce à l'utilisation créative et décalée de l'application de messagerie instantanée WeChat. Dans un contexte de conflit, les applications d'interaction en réseau comme Twitter ont joué un rôle critique dans les événements du « Printemps arabe ».

Le numérique n'est au fond, qu'une technologie, de plus en plus puissante et banalisée. Les entrepreneurs s'en emparent pour mettre au point de nouveaux modèles et imposer de nouvelles manières de produire et de consommer. Les États s'en emparent pour renforcer leur pouvoir vis-à-vis des citoyens. La multitude, et ceux qui cherchent à la mobiliser, peuvent aussi s'en emparer pour qu'il soit mis au service des libertés – pour que, conformément à la vision des pionniers de l'informatique personnelle, les citoyens s'emparent eux-mêmes des applications numériques pour s'émanciper des organisations et reprendre leurs libertés.

24 Notre démocratie en danger ?

Depuis trois décennies, chaque fois qu'ils sont en difficulté dans les sondages d'opinion, les présidents de la République prennent la parole à la télévision. Leur modèle est l'intervention du président Mitterrand, interviewé en 1984 par Yves Mourousi. Sa prestation, dit-on, avait permis de redresser de façon spectaculaire sa courbe de popularité. Mais cette prouesse n'a jamais été reproduite dans la période récente. Chaque fois que le président de la République, quel qu'il soit, paraît à la télévision, sa popularité continue à plonger.

La raison est la fragmentation de la société. Grâce aux applications numériques, on peut s'informer sans pour autant se plier aux règles des médias de masse. On ne consomme plus les médias comme dans l'économie fordiste – quand tout le monde se plantait devant la télévision pour regarder la même émission, se retrouvait sur les mêmes stations de radio, lisait les mêmes journaux achetés le matin au coin de la rue.

Tony Schwartz a théorisé le principe de la corde sensible, essentiel pour comprendre la communication. Un média ne sert pas à communiquer un message, mais à entrer en résonance avec une audience à laquelle on peut ensuite, parce qu'on vibre à la même fréquence, transmettre des messages de façon beaucoup plus subtile et suggestive. Dans l'univers médiatique, après la révolution numérique, cette résonance est plus forte entre les individus eux-mêmes qu'entre les individus et les organisations. Le résultat, de façon contre-intuitive, n'est pas le rassemblement de tous les individus dans une même grande communauté unifiée par des valeurs partagées, mais au contraire la dispersion et l'enfermement dans des petites communautés où sont à l'œuvre des boucles de rétroaction positives. Tout le monde y pense la même chose. Les uns et les autres s'y confortent dans leurs opinions. Le résultat est la polarisation de la société et l'incapacité à se rassembler pour améliorer les choses.

Ce phénomène est particulièrement à l'œuvre aux États-Unis, avec le paradoxe que constitue la présidence de Barack Obama. Il a été élu en promettant de rassembler les Américains (le fameux discours de 2004) et a fait campagne en utilisant, plus qu'aucun autre, les nouveaux outils mis à disposition par l'économie numérique. Mais sa présidence a été un record de polarisation. Radicalisé, le parti républicain s'est marginalisé dans une opposition systématique. En réaction, le parti démocrate est à son tour tenté par le virage à gauche, comme en témoigne la candidature de Bernie Sanders aux primaires démocrates de 2016.

La campagne présidentielle de Donald Trump est un cas encore plus emblématique. Jouée en grande partie dans l'univers numérique (Donald Trump tient lui-même son compte Twitter, outrances et fautes d'orthographe incluses), elle a nourri des inquiétudes sans précédent au sein de la société américaine : sommes-nous en train d'assister à une montée de l'autoritarisme aux États-Unis ? Les raisons du succès de Donald Trump sont-elles politiques ou économiques et sociales ?

Car il y a une corrélation entre l'affaiblissement de la démocratie et la polarisation économique et sociale. La montée de l'économie numérique correspond au creusement des inégalités, à la fois parce que l'économie fordiste en crise « serre les boulons » au détriment des plus faibles, mais aussi parce que l'économie numérique n'est pas encore dotée des institutions inclusives qui permettraient de redistribuer la richesse qu'elle crée au plus grand nombre.

De là vient l'impression de revivre les années 1930 : souffrance économique et sociale, polarisation politique, repli sur soi, tensions et violences qui traversent la société. La gravité de la situation montre l'ampleur du chemin qui reste à parcourir. L'économie est en transition. Nous vivons la crise sénile de l'économie fordiste, à laquelle s'ajoute, avec une intensité croissante, la crise infantile d'une autre économie, l'économie numérique. La transition numérique oblige les dirigeants politiques à réviser radicalement leur vision. Il leur faut faire bouger les lignes pour réconcilier les valeurs qu'ils défendent avec la réalité du monde d'aujourd'hui et les leviers d'action à leur disposition.

Faute de ce travail idéologique, les électeurs ne peuvent que se détourner de plus en plus des partis politiques traditionnels, pratiquer le culte du passé comme le parti travailliste britannique Jeremy Corbyn et, surtout, se tourner vers de nouvelles forces politiques emblématiques de notre période de déshérence idéologique. Dans son ouvrage majeur, *La Grande Transformation*, Karl Polanyi a relaté pourquoi et comment cela s'était produit à l'aube de l'économie fordiste, aboutissant au triomphe du fascisme et à la Seconde Guerre mondiale. Il y a tout lieu de penser que nous vivons aujourd'hui une situation similaire. Tous les indicateurs économiques, sociaux et politiques, dans tous les pays développés, nous le suggèrent, de la montée de l'extrême-droite à l'atomisation de la gauche en passant par la paupérisation des classes moyennes, le délabrement des services publics et la crise des relations internationales.

Le numérique ne joue qu'un rôle marginal dans tout cela. Il est une sorte de nouvelle donne, dont on peut s'emparer pour le meilleur… ou pour le pire. L'économie numérique est surtout en attente des institutions qui lui permettront de prospérer de façon plus soutenable et de redistribuer la richesse qu'elle crée au plus grand nombre. Comme le montrent les auteurs de l'ouvrage *Why Nations Fail*, la force de la démocratie et la prospérité de l'économie vont de pair. Si les institutions en place infligent des souffrances au plus grand nombre en favorisant les plus privilégiés, alors la démocratie est en péril. *A contrario*, si la démocratie réussit à accoucher d'institutions en phase avec l'économie numérique, alors l'économie peut prospérer à nouveau dans l'intérêt de toutes les parties prenantes, avec pour effet central la consolidation de la démocratie.

25 Le pire de la nature humaine ?

Pédopornographie, terrorisme, radicalisation, harcèlement : Internet, en plus de faciliter notre vie quotidienne, met à nu le pire de la nature humaine. Pire encore, il lui donne une caisse de résonance qui, en plus de révéler les racines du mal, élargit son audience et semble lui conférer une légitimité inédite. En libérant ainsi l'expression des pires intentions, en facilitant des comportements prédateurs voire criminels, le numérique ira-t-il jusqu'à détruire tout ce qui, jusqu'ici, a permis la vie en société ?

La nature humaine n'est pas faite que d'harmonie et de bienveillance. L'histoire de l'humanité est aussi celle des conflits, des massacres, de l'oppression et de l'exploitation. Dans bien des cas, des actes terribles ont même été, paradoxalement, fomentés avec les meilleures intentions du monde. Mais depuis très longtemps, plus encore d'ailleurs depuis l'épanouissement des démocraties libérales à partir du XIXe siècle, un certain nombre d'institutions ont été imaginées pour régler la vie en société et obliger chacun à renfermer en lui-même ses sentiments de haine ou ses intentions malveillantes, plutôt que de leur donner libre cours sur la place publique.

Il y a de nombreuses raisons pour lesquelles le numérique semble débrider la nature humaine et révéler le mal que nos institutions, jusqu'ici, nous empêchaient de voir. L'anonymat a joué un rôle critique dans cet esprit de la violence verbale débridée qui caractérise Internet. Les forums et commentaires d'articles, en particulier, sont le lieu de tous les déchaînements. Dans une étude récente, un média américain a analysé les commentaires publiés par les internautes en réaction aux travaux de ses journalistes et observé que les commentaires les plus agressifs visaient systématiquement les femmes et les journalistes issus de minorités. L'anonymat joue un rôle car il est évidemment plus facile de s'en prendre verbalement à quelqu'un quand il nous protège plutôt que de *visu*. Même sans anonymat, la distance physique joue aussi un rôle. Le fait de ne pas avoir la personne en face de soi empêche de voir sa réaction et d'adapter la tonalité et la teneur de ses propos en conséquence. Ceux qui commettent des actes de harcèlement sur Internet n'interagissent pas tant avec la cible de leur harcèlement qu'avec leurs pairs, qu'ils imitent au point de contribuer à cet emballement moutonnier caractéristique des foules agressives.

Le narcissisme, d'ailleurs, joue aussi un rôle. Publier en ligne, c'est avoir la possibilité de rencontrer une audience, d'avoir un écho, de recevoir des notifications. Les réactions que l'on suscite, d'abord au sein d'un premier cercle, puis auprès d'une audience de plus en plus grande, procurent un sentiment de toute-puissance et entraînent des comportements pour le moins décalés, qui auraient été inimaginables sur la place publique d'avant Internet. Comme l'observent les sociologues d'Internet, les introvertis réussissent bien en ligne car ils ne rencontrent plus de barrières sociales à leur expression. Ils peuvent utiliser cette facilité d'expression inédite pour le meilleur, en créant des œuvres extraordinaires ou en révélant leur sensibilité dans le dialogue. Ils peuvent aussi se laisser entraîner vers le pire et, encouragés par les réactions qu'ils suscitent, révéler leur part d'ombre.

Le facteur le plus puissant de cet épanouissement du mal est la mise en réseau. Lorsque nous sommes connectés à d'autres individus, la probabilité va croissant que nous en rencontrions qui pensent la même chose que nous. L'effet désinhibant est radical. L'écho que renvoient ceux qui pensent comme nous inspire le sentiment que nos idées, parfois contre toute attente, sont partagées et donc plus légitimes. Ce que nous n'exprimions que dans un cercle de confiance au café du commerce, nous l'exprimons désormais en ligne, à la cantonade, car nous trouvons vite une audience attentive, complaisante et exprimant son accord.

La raison profonde de tout cela est un changement radical de paradigme. Après la révolution numérique, notre société se représente de moins en moins en référence au peuple. Les dynamiques qui l'animent sont celles de la multitude, ces dizaines (voire centaines) de millions d'individus connectés en réseau et utilisant les mêmes applications. Comme l'explique le philosophe italien Paolo Virno, le peuple, c'est une notion héritée des institutions du passé, marquées par la verticalité. La multitude, au contraire, c'est l'horizontalité : elle est un réseau d'individus reliés entre eux par des liens faibles, qui se recomposent en permanence au gré de l'actualité et des dynamiques du moment. Les principes qui animent la multitude sont très différents de ceux qui structurent le peuple. Il n'y a pas l'imposition de valeurs communes, incarnées dans ce totem que Pierre Legendre appelait le « tiers garant », mais l'amplification de valeurs partagées en temps réel, qui provoquent des phénomènes de résonance et entraînent immédiatement l'enfermement communautaire des individus qui les partagent. La multitude, bien plus que le peuple, a tendance à se séparer et à se réfugier dans l'entre-soi.

Ce changement de paradigme est déjà visible dans la lutte contre le crime organisé et le terrorisme. Comme toute guerre asymétrique, celle qui oppose des États soumis à une autorité unique à des cybercriminels reliés en réseau tourne toujours à l'avantage de la partie qui est à la fois la plus faible et, paradoxalement, la plus résiliente. Pour tenir compte de cet « effet Godzilla » – le fait que plus on attaque un groupe organisé en réseau, plus il se renforce en se nourrissant de la puissance qu'on a déployée contre lui –, il nous faut apprendre à combattre le mal avec de nouvelles règles d'engagement.

Mettre au point ces nouvelles règles d'engagement n'est pas insurmontable. S'il rend les forces du mal plus puissantes, Internet est aussi une force de riposte pour le camp du bien – à condition que celui-ci sache, lui aussi, faire levier de la puissance de la multitude. Le bien n'est pas forcément avantagé dans ces batailles pour inspirer et mobiliser la multitude. Il est toujours plus facile de mobiliser en réseau dans un mouvement de protestation que dans un mouvement de construction. Barack Obama s'en est rendu compte après son élection à la Maison Blanche. Il avait mobilisé ses sympathisants mis en réseau pour gagner l'élection de 2008, puis à nouveau celle de 2012, parce qu'il s'agissait de battre ses opposants républicains (John McCain puis Mitt Romney) et, surtout, d'en finir avec la présidence de George W. Bush, vivement rejeté par la majorité des électeurs. Il a eu beaucoup plus de mal, après chacune de ces élections, à mobiliser les mêmes sympathisants au service des politiques publiques qu'il cherchait à faire adopter par le Congrès. Pour utiliser la puissance du numérique dans la lutte contre le mal, bien des choses doivent être réinventées : l'inspiration, l'éducation, la mobilisation, l'action. La transition numérique nous fait d'abord passer par un extrême, la mise à nu du pire de la nature humaine, avant, probablement de nous emmener vers la réinvention de notre vie en société.

D'ailleurs, si le numérique rend le mal plus visible, n'est-ce pas une bonne chose ? Le mal est plus visible, mais n'a-t-il pas toujours existé – par exemple, la pédophilie a été longtemps pratiquée sans être dénoncée, faute de voies de recours pour ses victimes – ? L'irruption du mal au grand jour nous oblige, enfin, à l'aborder de front : cesser de le nier, mais réaliser qu'il existe ; aider ses victimes à ne pas être submergées par la honte ou l'impuissance ; s'appuyer sur la multitude pour exprimer de l'empathie ; mettre en place, encore une fois, les institutions démocratiques qui, dans la diversité de la multitude, vont nous permettre de restaurer l'unité du peuple.

Bibliographie

Daron Acemoglu et James Robinson, *Why Nations Fail: The Origins of Power, Prosperity, and Poverty*, Profile Books, septembre 2013.

Marc Andreessen, « Why Software Is Eating the World », *The Wall Street Journal*, août 2011.

W. Brian Arthur, « Increasing Returns and the New World of Business », *Harvard Business Review*, juillet 1996. Disponible en ligne : http://hbr.org/

Steve Blank, *The Secret History of Silicon Valley*, 2009-2010. Disponible en ligne : http://steveblank.com/secret-history/

Laszlo Bock, *Work Rules!: Insights from Inside Google That Will Transform How You Live and Lead*, Twelve, avril 2015.

Brian Carney, Isaac Getz, *Freedom Inc.: Free Your Employees and Let Them Lead Your Business to Higher Productivity*, Profits and Growth, Argo-Navis US, février 2016.

Nicholas Carr, *The Shallows: What the Internet Is Doing to Our Brains*, W. W. Norton & Company, mai 2011 (réédition). Traduction française : *Internet rend-il bête ?*, Robert Laffont, octobre 2011.

Clayton Christensen, *The Innovator's Dilemma : When New Technologies Cause Great Firms to Fail*, Harvard Business Review Press, janvier 2016 (réédition).

Nicolas Colin, Henri Verdier, *L'Âge de la multitude, Entreprendre et gouverner après la révolution numérique*, Armand Colin, mai 2015 (réédition).

Timothy Ferriss, *The 4-Hour Work Week: Escape the 9-5, Live Anywhere and Join the New Rich*, Harmony, avril 2007. Traduction française : *La semaine de 4 heures : Travaillez moins, gagnez plus et vivez mieux*, Pearson, avril 2010.

David Graeber, *The Utopia of Rules, On Technology, Stupidity and the Secret Joys of Bureaucracy*, Melville House, mars 2015. Traduction française : *Bureaucratie*, Les Liens qui Libèrent, octobre 2015.

Paul Graham, « How to Be Silicon Valley », *Essays*, mai 2006. Disponible en ligne : www.paulgraham.com

Paul Graham, « Refragmentation », *Essays*, janvier 2016. Disponible en ligne : www.paulgraham.com

Walter Isaacson, *The Innovators: How a Group of Inventors, Hackers, Geniuses and Geeks Created the Digital Revolution*, Simon & Schuster, octobre 2014. Traduction française : *Les Innovateurs*, JC Lattès, octobre 2015.

William Janeway, *Doing Capitalism in the Innovation Economy: Markets, Speculation and the State*, Cambridge University Press, octobre 2012.

Frédéric Laloux, *Reinventing Organizations: A Guide to Creating Organizations Inspired by the Next Stage in Human Consciousness*, compte d'auteur, 20 février 2014.

Pierre Legendre, *Sur la question dogmatique en Occident*, Fayard, avril 1999.

Steven Levy, « Silicon Valley, We Have An Age Problem: Let's Start Fixing It Here », *Backchannel*, octobre 2015. Disponible en ligne : https://backchannel.com

Sylvain Catherine, Augustin Landier, David Thesmar, *Marché du travail : la grande fracture*, Institut Montaigne, février 2015. Disponible en ligne : www.institutmontaigne.org

Karl Polanyi, *La Grande Transformation : Aux origines politiques et économiques de notre temps*, coll. Tel, Gallimard, avril 2009.

Carlota Perez, *Technological Revolutions and Financial Capital*, Edward Elgar Publishing Ltd, février 2003.

Sheryl Sandberg, *Lean In: Women, Work, and the Will to Lead*, WH Allen, octobre 2015 (réédition). Traduction française : *En avant toutes,* Le Livre de Poche, avril 2014.

Trebor Scholz (dir.), *Digital Labor: The Internet as Playground and Factory*, Routledge, octobre 2012.

Tony Schwartz, *The Responsive Chord,* Anchor Press, décembre 1973.

Dan Senor, Saul Singer, *Start-up Nation: The Story of Israel's Economic Miracle,* Twelve, septembre 2011. Traduction française : *Israël, la nation start-up*, Maxima Laurent du Mesnil, mai 2014 (réédition).

Brad Stone, *The Everything Store: Jeff Bezos and the Age of Amazon*, Corgi, juillet 2014 (réédition). Traduction française : *Amazon : La boutique à tout vendre*, First Interactive, mars 2014.

Paolo Virno, *Grammaire de la multitude. Pour une analyse des formes de vie contemporaines*, Conjonctures & L'Eclat, octobre 2002.

Vivek Wadhwa, *Innovating Women: The Changing Face of Technology*, Diversion Publishing, septembre 2014.

Fred Wilson, « Winner Takes Most », *AVC*, octobre 2015. Disponible en ligne : http://avc.com/

pca
cmb
édition pré-presse
livres numériques

44400 Rezé

261598 - (I) - OSB 90° - PCA - VCT
Imprimerie CHIRAT - 42540 Saint-Just-La-Pendue
Dépôt légal : septembre 2016
Imprimé en France